W0073067

CHRISTOPH MÄCHLER

DER SANFTE WEG ZUR UMGESTALTUNG

Change-Management mit dem Enneagramm

Originalausgabe

Wilhelm Heyne Verlag
München

HEYNE BUSINESS
22/1046

Besuchen Sie uns im Internet:
http://www.heyne.de

Umwelthinweis:
Dieses Buch wurde auf
chlor- und säurefreiem Papier gedruckt

Redaktion: Oliver Neumann, Redaktionsbüro Dr. Andreas Gößling

Copyright © 1998
by Wilhelm Heyne Verlag GmbH & Co. KG, München
Printed in Germany 1998
Umschlaggestaltung: Atelier Bachmann & Seidel, Reischach
Technische Betreuung: M. Spinola
Satz: Schaber Satz- und Datentechnik, Wels
Druck und Verarbeitung: Presse-Druck, Augsburg

ISBN 3-453-14190-3

Inhalt

Danksagung 9

1 Meine Begegnung mit dem Enneagramm 11
1.1 Wie Sie dieses Buch lesen können 13

2 Die Bedeutung des »Humankapitals« für
das Unternehmen 15

3 Neues Bewußtsein 19

4 Revolutionärer Wandel: Die größte Herausforderung für die Unternehmensführung 25
4.1 Neues Denken 27
4.2 Komplexität und Dynamik 32
4.3 Wertewandel 36
4.4 Demographischer Wandel 39
4.5 Wirtschaftlicher und technologischer Wandel 41
4.6 Schlußfolgerungen 42

5 Das Enneagramm 47
5.1 Eine erste Annäherung 47
5.2 Zur Geschichte des Enneagramms 49
5.3 Das Modell und seine Symbolik 53

6 Prozesse verstehen, gestalten und steuern
mit dem Enneagramm 61
6.1 Endung, Mittelgrund und Formbildung 62
6.2 Arten von Prozessen 66
6.3 Prozeßkompetenz 67

6.4   Vorhaben ganzheitlich, vernetzt und
      dynamisch betrachten und angehen 71
6.5   Anwendung in der Praxis 80

**7   Kommunikation und Kooperation als
        Erfolgsfaktoren: Die Typologie des
        Enneagramms** 89

7.1   Sinn und Unsinn von Typologien 96
7.2   Die Typologie des Enneagramms:
      Ein erster Überblick 99
7.3   Triaden, Punkte, Linien, Flügel, Subtypen 100
7.4   Die einzelnen Typen 114
7.5   Typenübersicht 137
7.6   Die einzelnen Typen im Arbeitsprozeß 138
7.7   Wie man seinen Typ bestimmt 150
7.8   Die Entwicklung des eigenen Potentials
      mit dem Enneagramm 157
7.9   Eine Sufi-Geschichte 160

8   Zusammenfassung und Ausblick 165

Anhang 168

Glossar 168

Anmerkungen 170

Literaturverzeichnis 171

Informationen 176

Für
Regina
Christina
Patrick

Danksagung

Ich bin verschiedenen Menschen zu Dank verpflichtet, denen ich auf meinem Weg mit dem Enneagramm und den damit zusammenhängenden Themen begegnete:

- meinen Klienten und Klientinnen in der Einzelberatung und im Coaching und all den vielen Seminarteilnehmern: Sie verhalfen mir zu Erkenntnissen und Einsichten, die nur in der Begegnung und Zusammenarbeit möglich waren;
- Eva-Maria Zwyer, die mich mit dem Enneagramm bekannt gemacht hat und in zahlreichen Kurse meine engagierte Co-Leiterin war;
- Annie Berner-Hürbin verdanke ich neues Wissen über Prozesse und Zusammenhänge mit alten Energielehren und -modellen, die wir mit ihrem Partner Jean Berner in unseren gemeinsam geleiteten Workshops in der Provence intensiv diskutieren und erproben konnten;
- meinem früheren Partner Ueli Lieberherr, der mir die Welt der professionellen Moderation in der Prozeßgestaltung erschloß;
- allen Lehrern und Kollegen, durch die ich einen »Boden« bekommen habe, auf dem die Arbeit mit dem Enneagramm erst möglich wurde: Helga Belz, Kari Aschwanden, Irène Kummer und all jenen, die meinen Lern- und Lebensweg mitgeprägt haben.

1 Meine Begegnung mit dem Enneagramm

In einer Coaching-Sitzung brachte mir eine Klientin – noch vor Erscheinen des ersten deutschsprachigen Enneagrammbuchs – fotokopierte Unterlagen über die Typologie des Enneagramms mit. Sie meinte, das interessiere mich gewiß. Da ich Typologien gegenüber eine gewisse Skepsis entgegenbrachte, studierte ich die Unterlagen mit gemischten Gefühlen – und legte sie bald wieder zur Seite. Aber das Thema ließ mich nicht mehr los, und so versuchte ich meinen eigenen Typus zu bestimmen. Konkret hieß das zunächst, daß ich nach Hinweisen suchte, die meinem »Wunschtypus« entsprachen. Bis ich meinen eigenen Typ bestimmt hatte, dauerte es noch eine ganze Weile. Erst im Dialog mit anderen Menschen fand ich heraus, welches Strickmuster im Enneagramm meinem eigenen entsprach. Das Erkennen meines Musters eröffnete mir ganz neue Zugänge zu mir selbst und ermöglichte es mir, Aufgaben und Probleme in meinem Leben neu oder anders zu sehen und anzupacken.
Diese Erfahrung war für mich der Einstieg in eine gründliche und vertiefte Auseinandersetzung mit diesem alten Instrument, das uns durch die Sufis (islamische Mystiker) überliefert worden ist. Auch in der Beratung und Begleitung von Menschen eröffneten sich mir mit dem Enneagramm ganz neue Perspektiven und Möglichkeiten. Wenn ich glaubte, einen Typus zu erkennen, sprach ich die dafür relevanten Themen an. War meine – vorerst hypothetische – Bestimmung richtig, führte dies immer sehr schnell zum Kern der Sache.
Also machte ich mich auf eine intensive Suche nach Ursprung, Bedeutung und psychologischen Gesichtspunkten

dieses uralten Modells. Dabei stieß ich durch eine Publikation von Klausbernd Vollmar auch auf das Enneagramm als Prozeßmodell. Für mich als Berater von Unternehmen und Institutionen waren Arbeitsprozesse in Teams und Arbeitsgruppen schon länger ein wichtiges Thema. Ich entdeckte, daß das Enneagramm ein ganzheitliches Modell darstellt, mit dessen Hilfe sich Prozesse verstehen, gestalten und steuern lassen.

Zum ersten Mal nutzte ich das Instrument in einer Teamberatung, wo völlige Stagnation herrschte: Die Mitglieder des Teams brachten wenig bis keine Energie mehr für die gestellte Aufgabe auf. Nachdem wir lange Zeit Beziehungsfragen und Vorstellungen über die Zusammenarbeit geklärt hatten, mußte ich feststellen, daß sich bezüglich Energie und Engagement wenig bis nichts geändert hatte. Team, Teamleiter und ich standen der Situation ziemlich ratlos gegenüber, schienen so wichtige Fragen wie Auftrag und Ziele doch ungeklärt. Wir hatten auch keine Einigung über den gemeinsamen Arbeitsansatz treffen können. Dabei hielten alle Teammitglieder die Aufgabe für wichtig und beteuerten, daß sie eigentlich schon wollten ...

In dieser Phase lernte ich das Enneagramm als Prozeßinstrument kennen. Ich ging die einzelnen Schritte des Modells durch und entdeckte, daß das Team entscheidende Schritte auf dem Weg zur Umsetzung und zum Ziel außer acht gelassen hatte. Konkret hieß das, daß die Teammitglieder im Verlauf des Prozesses viel zu wenig Gelegenheit hatten, die Problemstellung auszuloten, Vorstellungen über die Zukunft zu formulieren und vor allem Einwände und Bedenken einzubringen. Es fehlte die Möglichkeit, Alternativen zu erarbeiten und einen wirklichen Konsens und die nötige Identifikation bezüglich der gemeinsamen Aufgabe zu entwickeln.

Aufgrund der herrschenden Unternehmenskultur verhielten sich die Mitglieder sehr angepaßt. Die für einen erfolgreichen Prozeß entscheidenden Fragen wurden unter den Teppich gekehrt. Verdrängung und Tabuisierung waren so stark, daß sie ins gemeinsame Unterbewußtsein abrutschten und sich von dort als Energiemangel und Hilflosigkeit wieder meldeten.

Die Bearbeitung von Gesichtspunkten und Fragestellungen, wie sie sich aufgrund des Enneagramms ergaben, führten den Prozeß dann in erstaunlich kurzer Zeit weiter, und das Projektvorhaben konnte mit einer leichten zeitlichen Verzögerung am Ende doch noch mit guten Resultaten abgeschlossen werden.

Diese Erfahrung machte mir die Bedeutung von Prozeßkompetenz in Teams und Gruppen deutlich – sie stellt meines Erachtens für Führungskräfte und Teamleader eine der wichtigsten Schlüsselqualifikationen dar. Ich bin überzeugt davon, daß ihre Bedeutung bei zunehmender Komplexität und Dynamik noch steigen wird. Nur wenn Menschen gut zusammenarbeiten und die Potentiale und Fähigkeiten des einzelnen genutzt werden, erbringen Teams bessere Leistungen als Einzelkämpfer.

Die vorliegende Einführung stellt das Enneagramm in seinen beiden Hauptanwendungen vor, nämlich als Prozeßmodell und als Typologie. Es geht mir darum, seinen Nutzen und seine Anwendungsmöglichkeiten für Führungskräfte aufzuzeigen. Deshalb erörtere ich auch den Wandel, mit dem sich Unternehmen und die darin tätigen Menschen konfrontiert sehen. Denn dieser dürfte einer der Hauptgründe für das wachsende Interesse an ganzheitlichen und energetisch ausgerichteten Modellen sein.

1.1 Wie Sie dieses Buch lesen können

Wenn Sie sich vor allem für Prozesse interessieren, beginnen Sie mit Kapitel 3, studieren dann Kapitel 5 und Kapitel 6. Anschließend können Sie sich die übrigen Aspekte zum Thema vornehmen. Möchten Sie mehr über das Enneagramm als Typologie erfahren, lesen Sie zuerst Kapitel 3, machen sich in Kapitel 5 mit der Geschichte und Symbolik des Enneagramms vertraut und fahren dann mit Kapitel 7 fort. Natürlich können Sie das Buch auch in der Reihenfolge der Kapitel lesen. Dabei kommen zuerst heutige Phänomene zur Sprache. Auf diesem Hintergrund können Sie das alte Wissen des Enneagramms mit aktuellen Schwierigkeiten und Fragestellungen verbinden.

Doch ganz gleich, in welcher Reihenfolge Sie auch lesen: Dieses Buch möchte Sie dazu einladen, sich auf eine Entdeckungsreise zu begeben und sich und andere Menschen und das Miteinander in Teams und Arbeitsgruppen unter neuen Perspektiven und Blickwinkeln zu sehen und zu verstehen.

2 Die Bedeutung des »Humankapitals« für das Unternehmen

Die Veränderungen in der Welt wirken sich auf Wirtschaftsunternehmen, soziale Institutionen und Verwaltungen so aus, daß sich diese – wollen sie überleben – von Grund auf neu organisieren müssen. In den letzten Jahren sind viele Programme und Konzepte entwickelt worden, um Unternehmen wieder auf Erfolgskurs zu bringen. Über die einzelnen Strategien läßt sich streiten – jede hat ganz bestimmte Vor- und Nachteile. Allen gemeinsam ist die Überzeugung, daß den Mitarbeitern auf dem Weg in die Zukunft eine Schlüsselstellung zukommt. Gerade deshalb ist es erstaunlich, wie wenig Sorgfalt auf die Beteiligung der *Menschen* an Veränderungsprozessen gelegt wird.

Auf der anderen Seite wird immer deutlicher, daß die größten Probleme von Unternehmen nicht technologischer, sondern psychologischer, sozialer und soziologischer Natur sind. Viele Manager geben unumwunden zu, daß Probleme mit Menschen für sie eine größere Schwierigkeit darstellen als technische oder betriebswirtschaftliche. Trotzdem verhalten sie sich nicht entsprechend.

»Manager verbringen ihre Zeit damit, äußerst verwickelte und hochinteressante Fragestellungen zu durchdenken, die ihre Mitarbeiter lösen sollen. Manchmal könnte man glauben, daß sie die Aufgaben selbst lösen und nicht nur die Arbeit anderer planen und kontrollieren wollen. Ständig suchen sie nach technischen Genies, die ihnen versprechen, irgendeinen Teil der Arbeit auf besonders intelligente Weise zu automatisieren. Die wichtigsten personenorientierten Aspekte ihrer Arbeit erhalten oft die niedrigste Priorität.« (DeMarco/Lister 1991)

Viele Führungskräfte sind in ihren Unternehmen aufgestiegen, weil sie sich durch hervorragende Arbeit ausgezeichnet haben. Meistens bleibt das auch so, wenn sie Mitglieder der Führungsetage sind. Nur in den seltensten Fällen lernen sie aber auch, die auf den Menschen bezogenen Aspekte der Führung zu berücksichtigen. Und selbst wenn sie im Rahmen von Führungskursen die Bedeutung des Faktors Mensch erkennen, heißt das noch lange nicht, daß im Unternehmen eine Kultur herrscht, die diesen Faktor wirklich ernst nimmt und ernst nehmen will. Nur: Die Herausforderungen durch die Veränderungen, die enger werdenden Märkte und die Globalisierung verlangen von der Führung und letztendlich von allen Mitarbeitenden in einem Unternehmen ganz neue Fähigkeiten, damit sie und das Unternehmen bestehen können.

Das Bewußtsein, daß menschliches Leben aus Prozessen besteht, gibt uns neue Möglichkeiten, unser wirtschaftliches Leben produktiv und erfolgreich zu gestalten. Das heißt aber auch, daß Prozesse gestaltet und gesteuert werden müssen, damit wir das volle Potential, das in den Mitarbeitern steckt, nutzen können und diese dadurch die Möglichkeit erhalten, in ihrer Arbeit wieder vermehrt Sinn und Befriedigung zu finden.

Der heute allerorten herrschende Zeitdruck läßt Arbeit immer mehr zur Belastung werden. Dabei darf man nicht vergessen, daß Menschen unter Zeitdruck nicht besser arbeiten, sondern nur schneller. Mittel- und längerfristig müssen wir lernen, so zu arbeiten, daß wir nicht mehr unter ständigem, krank machendem Termindruck stehen, sondern daß wir Leistungen erbringen *und* dabei glücklich sein können.

Die Art und Weise, wie wir zusammenarbeiten und Problemlösungs-, Entscheidungs- oder Konfliktlösungsprozesse managen, wird wesentlich darüber mitbestimmen, ob wir unser Überleben innerhalb einer nützlichen Frist und mit den entsprechenden Resultaten sichern. Die Bedeutung optimaler Kooperation zwischen den Menschen einer Organisation wächst.

Dafür benötigen wir auch jenes Phänomen, das inzwischen unter dem Schlagwort *emotionale Intelligenz* große Beachtung gefunden hat. *Emotional quality* (EQ) trägt zum Erfolg einer Person ungefähr zu 80 Prozent bei, der Intelligenzquotient (IQ) nur zu etwa 20 Prozent. Nur wenn des Individuum in der Lage ist, Kopf und »Bauch«, Verstand und Gefühle in Einklang zu bringen, fühlt es sich wohl. Menschen, die fähig sind, bewußt mit ihren Gefühlen umzugehen, sie wahrzunehmen, sie auszudrücken und sich selbst zu beeinflussen, verfügen über emotionale Intelligenz. Die emotionalen Fähigkeiten werden immer wichtiger. Sie entscheiden darüber, ob wir gut mit anderen kooperieren und damit auch rational gute Losungen finden.

Es mehren sich die Anzeichen, daß Business Reengineering, Lean Management, und wie die Effizienzkonzepte alle heißen, in manchen Fällen in eine Sackgasse münden könnten. Auf dem Beschäftigungsmarkt haben sie bereits zu großen Problemen geführt. Sie sind auf kurzfristige Erfolge und eine schnelle Befriedigung der Shareholder ausgerichtet. Die permanente Personalreduktion führt zu enormen Verlusten von Wissenskapital und steht damit in krassem Gegensatz zu dem Gedanken, langfristiges Überleben durch nachhaltige Produktivität und Innovation zu sichern.

»Der phänomenale Erfolg des ›Business Reengineering‹ war ein Reflex anhaltender Unzufriedenheit mit Unternehmensperformance, Kostenstruktur und Wettbewerbsfähigkeit. Aber nichts in diesem Ansatz war revolutionär, außer der Tatsache, daß plötzlich alle von der Dringlichkeit der darin erhobenen Forderungen überzeugt waren. Hatte man sich während Jahrzehnten auf computertechnologische und sozialtechnologische Lösungen bzw. Experimente konzentriert, stand nun eine schockartig vorgetragene Argumentation für die Reform von Geschäftsprozessen zur Verfügung. Als hätte es nicht schon immer zu den zentralen Aufgaben des Managements gehört, kostenbewußt zu produzieren und die betrieblichen Prozesse zu optimieren.« (Becker 1997)

Der nachhaltige Aufbau des Humankapitals wurde durch die radikalen Restrukturierungsmaßnahmen sträflich vernachlässigt. Die Fähigkeit, in der Organisation vorhandenes Wissen zu integrieren und zu erneuern, wird – bedingt durch die Verlagerung von Kapital zu Wissen – zu einem entscheidenden Wettbewerbsvorteil.

Aufbau und Pflege des Humankapitals haben sich mit verschiedenen Aspekten zu beschäftigen. Ein zentraler Punkt ist, die Prozesse, mit denen Probleme gelöst oder Entscheidungen getroffen werden, grundsätzlich anders anzugehen. Sie müssen so gestaltet und gesteuert werden, daß die vorhandene Brainpower optimal genutzt werden kann.

Das Enneagramm als Instrument, Arbeitsprozesse kooperativ und wirksam zu gestalten, stellt für Führungskräfte eine Möglichkeit dar, in Zeiten andauernden Wandels so mit den Menschen im Unternehmen zu arbeiten, daß alle drei im harten Wettbewerb bestehen können.

Darum geht es in diesem Buch.

3   Neues Bewußtsein

Leben verläuft in Prozessen: entstehen – werden – vergehen – neu-werden. Dies gilt in der Natur und im Leben jedes Menschen, aber auch für das Leben von Organisationen und Institutionen. Lebensprozesse können harmonisch fortschreitend verlaufen. Manchmal sind sie aus den verschiedensten Ursachen störungsanfällig, ist ihr natürlicher Fluß blockiert. Existenz und Überleben lebendiger Organismen hängen davon ab, ob die Selbstregulation und die Selbstheilungskräfte des Systems funktionieren.
R. Waterman hat in *Die neue Suche nach Spitzenleistungen* verschiedene Unternehmen untersucht und festgestellt, daß erfolgreiche Firmen sich durch eine bestimmte Art der Führung, flexible Organisationsstrukturen, einen hohen Stellenwert der Teamarbeit und ein hohes Maß an Selbstverantwortung der Mitarbeiter/innen von erfolglosen oder durchschnittlichen Unternehmen unterscheiden. Offenbar sind dies wichtige Faktoren, die es ermöglichen, daß sich die Unternehmen an eine sich ständig verändernde (Um-)Welt anzupassen vermögen.
Anpassungsprozesse sind für jeden lebenden Organismus – seien es nun Individuum, Organisation oder Projekt – von vitaler Bedeutung. Mit Anpassung ist hier nicht ein kritikloses, opportunistisches Adaptieren irgendwelcher Trends, Entwicklungen oder Strömungen gemeint. Vielmehr ist wirkliche Anpassung durch Flexibilität und Zukunftsgerichtetheit gekennzeichnet. Sie meint die »Annäherung an eine Möglichkeit« – im Sinne einer Problemlösung –, die, bezogen auf die Problemlage für alle Beteiligten, die beste ist (Antoch 1981). Mit dem Begriff Anpassung wird also eine aktive und erfolgreiche Auseinandersetzung von Individuen,

Gruppen und Organisationen in Richtung Gegenwarts- und Zukunftsbewältigung umschrieben.

Lenz, Mertens und Lang definieren den »Gesundheitszustand« eines Unternehmens so:

> »Es ist dazu in der Lage, sich an seine Umwelt anzupassen und etwas für sie zu leisten (Arbeit ermöglichen, sinnvolle Produkte entwickeln usw.), ohne daß im Verlauf dieses Prozesses Menschen oder die Umwelt geschädigt oder gar zerstört werden.« (Lenz 1991)

Tatsächlich versuchen Firmen und öffentliche Verwaltungen vermehrt, sich an die veränderte Situation anzupassen. Dies geschieht durch Reorganisationen und Restrukturierungen verschiedenster Art. Doch inzwischen müssen wir leider davon ausgehen, daß rund 80 Prozent dieser Bemühungen nicht zum gewünschten Erfolg führen. Das belegt auch eine Analyse von eintausend amerikanischen Unternehmen, die verschiedene Veränderungsziele erreichen wollten:

- *Kostenreduktion:* neunzig Prozent der Firmen wollten ihre Kosten senken; dies gelang jedoch weniger als fünfzig Prozent.
- *Produktionsverbesserung:* Von fünfundsiebzig Prozent, die eine Verbesserung der Produktion anstrebten, erreichten dies gerade zweiundzwanzig Prozent.
- *Erhöhung des RoI* (*return on investment*): Mehr als die Hälfte wollten den RoI erhöhen, knapp ein Viertel schaffte es.
- *Beschleunigung der administrativen Abläufe:* Dies wurde von über fünfzig Prozent der Firmen versucht, fünfzehn Prozent waren erfolgreich. (Rambousek 1994)

Offensichtlich läßt sich Veränderungsmanagement nicht so leicht bewerkstelligen, wie dies viele Führungskräfte meinen.

»Die Suche nach den Gründen bringt zum Vorschein, daß in manchen Fällen bei der Vorbereitung der Änderung wichtige Faktoren verletzt oder ungenügend beachtet werden. Häufig übernimmt man auch Rezepte kritiklos und verkennt, daß jeder Wandel einen individuellen Charakter und seine eigenen Gesetzte hat.« (Kiechl 1995)

Wer den Wandel fruchtbar und sinnvoll bewältigen will, muß sich zunächst auf ihn einlassen. Wir müssen zu begreifen versuchen, was da eigentlich geschieht, und dürfen nicht bei den Symptomen stehenbleiben. Vielen Managern und Führungskräften fehlt das Wissen und ein vertieftes Verständnis für das Wesen des Wandels und von Lebensprozessen. In der Sufi-Tradition bedeutet leben, wach zu werden, Bewußtheit zu entwickeln. Wohl nicht aus Zufall erreicht im Westen das Interesse für östliche Ansätze seinen Höhepunkt zu einem Zeitpunkt, an dem unser Denken und unsere Art, mit der Welt und dem Leben umzugehen, an eine Grenze gestoßen ist. Deshalb gilt es zu klären, wie das mechanistische, reduktionistische Wissenschaftsverständnis unser Denken und Handeln bestimmt und wie wir die heutigen Probleme in den Wissenschaften, in der Gesellschaft und in der Wirtschaft aus dem Blickwinkel neuer Denkansätze sehen können.
Doch es genügt nicht festzustellen, daß unsere Welt komplexer und dynamischer geworden ist. Wir müssen vielmehr lernen, wie wir mit dieser Realität konstruktiv umgehen können, wo Langsamkeit statt Tempo angesagt, wo Konzentration auf die Lösung von Kernproblemen nötig ist. Das Wissen darum, wie Lebensprozesse funktionieren, ist unverzichtbar, damit in den entscheidenden Phasen einer Entwicklung das Richtige geschehen kann. Die Ausbildung der Wahrnehmung für ablaufende und gestaltete Prozesse ist eine unabdingbare Voraussetzung dafür. Dabei handelt es sich um die Wiederbelebung des in einer technisierten Welt verlorengegangen inneren Spür- und Wahrnehmungssinnes. Die Erkenntnis, daß sich die Werte in unserer Gesellschaft

verändert haben, muß zu neuen Formen der Gestaltung von Arbeit und Zusammenarbeit führen, wenn wir das Potential der Menschen in einem Unternehmen wirklich zum Tragen bringen wollen. Dabei sind die Auswirkungen des demographischen, wirtschaftlichen und technischen Wandels zu berücksichtigen.

Diese Überlegungen führen letztendlich zu einem neuen Verständnis von Führung und der Bedeutung der permanenten Gestaltung einer menschlichen, leistungsfördernden und prozeßhaft gestalteten Unternehmenskultur.

EIN WORT DER WEISHEIT

Obgleich der Meister an diesem Tag Schweigen hielt, bat ihn ein Reisender um ein Wort der Weisheit, das ihn auf seiner Lebensreise begleiten sollte.

Der Meister nickte freundlich, ergriff ein Blatt Papier und schrieb darauf ein einziges Wort: »Bewußtheit.«

Der Besucher war verblüfft. »Das ist zu kurz. Könntet Ihr es etwas näher ausführen?«

Der Meister nahm das Blatt und schrieb: »Bewußtheit, Bewußtheit, Bewußtheit.«

»Aber was bedeuten diese Worte?« fragte der Fremde ratlos.

Der Meister griff wieder nach dem Papier und schrieb: »Bewußtheit, Bewußtheit, Bewußtheit bedeutet BEWUSSTHEIT.« (DEMELLO 1994)

Ein mechanistisches und statisches Verständnis von Führung kann nicht mehr erfolgreich sein, weil es zu sehr auf zentral erstellte analytische Pläne setzt und die Energie dezentraler *Many little brains* vernachlässigt. Die Entwicklung von Produkten, das Erbringen von Dienstleistungen ist ein permanenter Prozeß, an dem alle Betroffenen zu beteiligen sind. Dies schließt das Bewußtsein dafür ein, daß Problemlösung,

Entscheidungsfindung, Konfliktbewältigung, Information und Kommunikation zentrale Prozesse sind, die ständig gestaltet und gesteuert werden müssen.

»Die Herausforderung der neunziger Jahre ist es nun, das individuelle und das organisatorische Lernen zu verbessern, um so den Wandel in den Unternehmen und in den Köpfen zu fördern.« (Servatius 1994)

Es geht also um ein *neues Bewußtsein* oder das *Wachwerden*. Wach zu werden heißt zu lernen, die wichtigen Dimensionen der Welt und des Lebens zu erkennen und darauf sinnvoll zu reagieren.
Denkt man an die heute gängigen Managementkonzepte wie Lean Production, Business Reengineering, Total Quality Management usw., so kann diese beständige Suche nach wirksamen Konzepten auch als Ausdruck einer tiefen Verunsicherung angesichts der aktuellen Probleme verstanden werden. Solche Konzepte sind aber nur dann wirksam, wenn wir ein tieferes Verständnis für die einer Organisation immanenten Strukturen und (unbewußten) Regeln entwickeln. Um sie wahrzunehmen und mit ihnen zu arbeiten, ist ein geschärftes Bewußtsein nötig.

Dafür benötigen wir Modelle, Instrumente und Methoden. Das Enneagramm – ein uraltes kosmisches Symbol – ist ein solches Modell und Instrument, mit dem wir einen besseren Zugang zum Erkennen und Verstehen verschiedenster Prozesse bekommen.
Prozeßkompetenz wird als zentrale Qualifikation für Führungskräfte definiert. Mit Hilfe des Enneagramms können, wie wir sehen werden, lebenswichtige Prozesse erfaßt und gestaltet werden.
Entscheidend für den konstruktiven Umgang mit dem Wandel ist die Art des Miteinanders, die Kooperation in Organisationseinheiten und Teams. Dies setzt ein hohes Maß an Selbst- und Menschenkenntnis voraus. Das Enneagramm

stellt dafür ein hochdifferenziertes Lerninstrument dar. In Europa wurde es vor allem als Typologie bekannt. Es zeigt, welche Grundstrategien Menschen anwenden, um (Lebens-) Aufgaben und Probleme zu bewältigen. Diese Grundstrategien werden in der Kommunikation zwischen Menschen und in der Gestaltung von Beziehungen wirksam. Wenn es gelingt, das Potential der neun grundlegenden Muster freizulegen und dadurch mehr gegenseitiges Verstehen und Akzeptieren zu erreichen, werden Aufgaben fruchtbarer und befriedigender gelöst.

In Kapitel 5 werden das Enneagramm, seine Herkunft, seine Symbolik und verschiedene Anwendungsmöglichkeiten genauer dargestellt. Kapitel 6 differenziert die verschiedenen Arten von Prozessen in einem Unternehmen. Kapitel 7 schließlich stellt das Enneagramm als Persönlichkeitstypologie vor.

4 Revolutionärer Wandel: Die größte Herausforderung für die Unternehmensführung

Leben ereignet sich in Abläufen, in Prozessen. Der Wandel kann unmerklich und in kleinen Schritten, *evolutionär* vor sich gehen. Manchmal aber ist er auch tiefgreifend, chaotisch, sprunghaft – *revolutionär*. Damit haben wir es im Augenblick zu tun.

»Innerhalb weniger Jahrzehnte formiert sich die Gesellschaft neu. Es wandeln sich ihre Sicht der Welt und ihre Grundwerte, ihre soziale und politische Struktur, die Künste und ihre wichtigsten Institutionen. Fünfzig Jahre später ist die Welt eine völlig andere. Die Menschen, die in sie hineingeboren werden, können sich die Welt, in der ihre Großeltern lebten und in die die eigenen Eltern hineingeboren wurden, gar nicht mehr vorstellen.« (Drucker 1993)

Um diese neue Situation zu bewältigen, müssen wir uns genauer ansehen, was sich alles verändert. Die Art, wie wir mit Problemen umgehen, wird weitgehend von der Art unseres (naturwissenschaftlichen) Denkens bestimmt.[1] Dazu kommt ein Phänomen, das sich mit *Komplexität und Dynamik* umschreiben läßt. Die technischen Möglichkeiten und das globale Zusammenrücken haben zu komplexen Systemen und Fragestellungen geführt, die den einzelnen oft überfordern. Dies führt zu Angst, Mißtrauen, Aggressivität und häufig zum Rückzug. Außerdem ist das, was heute noch gültig ist, morgen bereits überholt. Unternehmen – vor allem, wenn sie eine bestimmte Größe erreicht haben – sind deshalb mit ihrem oft bürokratischen Stil nicht mehr in der Lage, adäquat auf Veränderungen im Markt, in der Gesellschaft und bei ihren Mitarbeitern zu reagieren. Werte-

und demographischer Wandel stellen die Führung vor neue Aufgaben. Nicht zuletzt verlangen der wirtschaftliche und technische Wandel einen neuen Stil sowie ein anderes Selbstverständnis für Führung und Zusammenarbeit.

Am Übergang ins dritte Jahrtausend haben wir es mit grundlegenden Veränderungen zu tun. Enger werdende Märkte, Verknappung der Ressourcen (Geld, Rohstoffe, Zeit usw.), die globale Bedrohung durch einen ökologischen Kollaps sowie neue soziale und kommunikative Probleme stellen die Wirtschaft, ja, die ganze Weltgemeinschaft vor neue, in der Menschheitsgeschichte einmalige Probleme. Diese fundamentalen Veränderungen sind drastisch. Ein Beispiel ist der Zusammenbruch des Ostblocks, der vor allem auch als wirtschaftlicher Zusammenbruch zu sehen ist. Es wäre sicher irrig anzunehmen – wie dies einzelne getan haben und zum Teil noch heute tun –, daß nach dem Fall der Berliner Mauer das kapitalistische System in seiner bisherigen Form in der Lage sei, die heutigen zentralen Fragen und Schwierigkeiten wirksam zu lösen. Das Ende des Ostblocks ist nicht mehr als ein markanter Meilenstein auf dem Weg der Neuformung unserer Welt. Die Probleme und Veränderungen in der Weltwirtschaft zeigen eindeutig, daß der aktuelle Wandel mit einer Revolution gleichzusetzen ist.
Würde man Unternehmen auch in Zukunft wie bisher führen, trüge das wesentlich dazu bei, daß die heutigen Probleme weiterhin Bestand hätten. Viele Probleme werden bekanntlich dadurch verschärft, daß man sie durch die Einführung oder Verstärkung ihres Gegenteils beheben will.
Jede größere Phase des Wandels hat ihre eigenen Themen zu bearbeiten und damit verbundene Aufgaben zu lösen. Diese ergeben sich aus der Art und den Merkmalen, welche die neue Situation kennzeichnen. Wie jeder historische Übergang hat auch der ins 21. Jahrhundert ganz spezifische Fragestellungen und Merkmale.

4.1 Neues Denken

Eben stellten wir fest, daß unser heutiges Denken (noch)
durch die modernen Naturwissenschaften bestimmt wird.
Dieses Denken führte zur Trennung von Geistes- und Körperwelt.

»Die vollständige Trennung von (menschlicher) Geistes- und (natürlicher) Körperwelt bildet fortan auch die ›wissenschaftliche‹ Rechtfer-
tigung für die bedenkenlose Ausbeutung der – ja geist- und seelen-
losen – Natur.« (Ulrich/Probst 1991)

Diese Spaltung der Ganzheit hat geistesgeschichtlich ihren
Ursprung wahrscheinlich in der Genesis, dem ersten Buch
des Pentateuch im Alten Testament. Die falsche Interpretation des theologischen Aussagegehaltes von Genesis 1,28
hatte fatale Folgen für das abendländische Denken.[2] Dieses
Verständnis des biblischen Textes erzeugte den naiven Suprematismus.[3] Nach Gottlieb Guntern *(Zeichen des Schmetterlings, 1993)* führt diese Idee zur Entfremdung zwischen
den Menschen, zur rücksichtslosen Dominanz, zur Verge-
waltigung und Ausbeutung. Eine weitere Ursache dieser
Fehlentwicklung sieht Guntern in der Vorprogrammierung
der Struktur und Funktionsweise des menschlichen Gehirns.
Irgendwann in der Geschichte habe der Mensch der domi-
nanten (linken) Hirnhemisphäre den funktionellen Vorzug
vor der nichtdominanten (rechten) gegeben. Durch diese
Spaltung der Ganzheit erfahre er sich nicht mehr als inte-
grierter Teil des Ganzen. Dabei hat schon Albert Einstein
(1879–1955) auf die Bedeutung einer ganzheitlichen Sicht
hingewiesen:

»Ein menschliches Wesen ist ein Teil des Ganzen, das wir ›Universum‹ nennen, ein in Raum und Zeit begrenzter Teil. Es erfährt
sich selbst, seine Gedanken und Gefühle, als etwas von allem anderen Getrenntes – eine Art optische Täuschung seines Bewußtseins.«

Eine weitere geistesgeschichtliche Quelle, die zum dualistischen Menschen- und Weltverständnis führte, sieht Guntern bei den Orphikern[4], die in ihrer mythologischen Welterklärung den Gegensatz Leib – Seele sowie den Gegensatz Materie – Geist postulierten. Die Theorie der Orphiker hatte allerdings schon früh Gegner. Deren bedeutendster Repräsentant war der Philosoph Heraklit (540–480 v. Chr.), der die Welt als einheitlichen, ununterbrochenen Prozeß definierte. Dieses Verständnis entspricht dem Prinzip der *unbroken wholeness* (»das zusammenhängende Ganze«), das von dem Physiker David Bohm formuliert wurde und heute einen der zentralen Begriffe der Systemtheorie bildet.

Durch neue naturwissenschaftliche (physikalische) Erkenntnisse in den letzten einhundert Jahren wurde ein Wandel im Denken eingeleitet. Ein Suchprozeß nach einem neuen Paradigma[5] setzte ein. Thomas S. Kuhn stellte den Gedanken des Paradigmenwechsels in seinem Buch *Die Struktur wissenschaftlicher Revolutionen* dar. Seine These lautet, daß Phasen normaler Wissenschaft von Phasen revolutionärer Wissenschaft abgelöst werden. In der revolutionären Zeitspanne entwickelt sich ein neues Paradigma, das nach intensiven Auseinandersetzungen an die Stelle des alten tritt. Ein solches Paradigma formuliert neue Fragestellungen und entsprechend auch neue Lösungsmöglichkeiten. Wenn dieses Modell auch nicht einfach auf Psychologie und Managementlehre übertragbar ist, weil es die Gültigkeit eines Paradigmas über längere Zeit voraussetzt, ist es als Denkmodell nützlich.

Die Suche nach dem neuen naturwissenschaftlichen Denken kann nicht ohne die Entdeckung der Relativitätstheorie von Einstein gesehen werden. Sie fügt Raum und Zeit zur vierdimensionalen *Raumzeit* zusammen. Dies führte in den Naturwissenschaften, insbesondere der Physik, zu einer fundamental anderen Sicht der Welt.

Einen weiteren Beitrag für die Einsicht in die beschränkten menschlichen Erkenntnismöglichkeiten leistete Werner Heisenberg (1901–1976) mit seiner *Unschärferelation*.[6] Die Erkenntnisse der modernen Naturwissenschaftler machen immer deutlicher,

»daß mit dem reduktionistischen, auf das meßbare Einzelne konzentrierte Denken, Fragen von zentraler Bedeutung nicht gelöst werden können, so vor allem die Frage, was Leben eigentlich bedeutet und wie die lebendige Natur als ganze funktioniert, weil ihre Teile zusammenwirken. Es wird immer klarer, daß die zergliedernde Suche nach den ›Bausteinen‹, die das Leben ausmachen sollen, gedanklich gerade das zerstört, was man erfassen möchte – plastisch vor Augen geführt im Sezieren des Leichnams, um herauszufinden, wie er lebend funktionieren würde.« (Ulrich/Probst)

Dies gilt auch für das Lösen von Prozessen und/oder für die Gestaltung und Steuerungen von Veränderungsprozessen. Die Dominanz der linken Hemisphäre hat dazu geführt, daß solche Vorhaben rein linear-rational gelöst werden. Doch diese Sicht trägt der Vernetzung der Wirklichkeit kaum Rechnung. Sie verliert *das Ganze* aus den Augen. Demgegenüber weist das neue Paradigma – nach Fritjof Capra – drei grundlegende Merkmale auf:

• Das Verhältnis zwischen dem Teil und dem Ganzen kehrt sich um.
• Der Blickpunkt verschiebt sich von einer Suche nach Strukturen zu einer Erfassung von Prozessen.
• Der statische Wissensbegriff wird zugunsten des Bildes eines »Netzwerks des Wissens« aufgegeben.

»An die Stelle des analytischen, den Blick auf das einzelne richtenden Denkens, auf der Suche nach den kleinsten Bauteilchen der Welt, tritt ein auf das größere Ganze gerichtetes integrierendes Denken. Statt in kleinen, linearen Kausalketten mit definierbarem Anfang und Ende wird in zirkulären Verknüpfungen ohne Anfang und Ende gedacht, statt das Nichtmeßbare, Nichtquantifizierbare und nicht mathematisch Formulierbare aus der Wissenschaft zu verbannen, werden bewußt solche Phänomene in den wissenschaftlichen Denkprozeß einbezogen, und statt nach ewig gleichbleibenden materiellen Strukturen der Dinge zu suchen, richtet man den Blick auf die Dynamik des Geschehens und sucht nach dem Ordnungsmuster solcher Prozesse.« (Ulrich/Probst)

Offensichtlich ist das Leben in seiner komplexen Ausgestaltung mehr als unsere materielle physische Wirklichkeit. Vor allem die modernen Naturwissenschaftler zeigen uns heute, daß der menschliche Geist und das Bewußtsein noch nicht an seiner Grenze angelangt sind, sondern sich in kosmische Dimensionen entfalten können. Dieses Prinzip der umfassenden Ganzheit ist nicht neu. Es findet sich schon bei den alten Griechen im Bild vom Mikrokosmos im Makrokosmos. Für diese Weltsicht wird heute das Bild des Hologrammspeichers verwendet.[7] Damit bezeichnet man den Gedanken, daß jeder Teil das Ganze enthält und das Ganze in jedem Teil gespeichert ist und darin seinen Ausdruck findet.

Auch Bohm sieht den Menschen als Teil der umfassenden Totalität, und in jedem Teil ist diese Totalität wiederum eingefaltet. Bohm bezeichnet das als »implizite Ordnung«. Darin ist

»die Totalität des Daseins in jedem Abschnitt des Raumes (und der Zeit) eingefaltet ... Welchen Teil, welches Element oder welchen Aspekt wir also auch immer im Denken abstrahieren mögen, so faltet doch jedes Einzelne stets das Ganze ein und ist von daher innig mit der Totalität verbunden, von der es abstrahiert wurde.« (Bohm 1985)

Lineares (monokausales) Denken reicht nicht mehr aus, um den globalen ökologischen, ökonomischen und sozialen Herausforderungen zu begegnen und die komplexen Probleme von Firmen, Verwaltungen und Institutionen aller Art zu bewältigen. Wir brauchen eine neue Art des Denkens, des Problemlösens und der Entscheidungsfindung.

»Überall versuchen Menschen heutzutage mit der Verzweiflung inmitten einer so noch nie dagewesenen Bedrohung der Menschheit fertigzuwerden, die auch noch selbstverschuldet ist. Alles hat sich verändert, nur nicht unsere Art zu denken. Eine neue Denkweise zu finden ist daher zu einer außerordentlich wichtigen psychologischen Herausforderung geworden. Eine neue Vision von Ganzheit und Heilung muß sich sowohl auf den ganzen Planeten wie auf die persönliche Ebene jedes einzelnen beziehen.« (Vaughan 1993)

Diese andere Art zu denken und die Welt zu sehen muß zu einem neuen Bewußtsein führen. Im Laufe von vielen Millionen Jahren hat sich das Bewußtsein der Menschheit in einem permanenten Prozeß der Transformation verändert. Es lassen sich verschiedene Phasen unterscheiden. Nach dem Kulturphanomenologen Jean Gebser können wir ein archaisches, magisches, mythisches, mentales und integrales Bewußtsein unterscheiden. Zur Zeit befinden wir uns im Übergang vom mentalen zum integralen Bewußtsein. Ein typisches Merkmal von Übergängen ist die Erfahrung, daß das Alte nicht mehr und das Neue noch nicht ist. Es ist eine Phase des Suchens und der Auseinandersetzung. In solchen Zeiten ertönt der Ruf nach Innovation und Kreativität besonders laut.

Volkamer, Streicher und Walton unterscheiden zwei Arten von Kreativität, die sie vor allem im künstlerischen Bereich erkennen. Sie vertreten aber die Auffassung, daß sich diese auch auf wissenschaftliche, technische und andere Gebiete übertragen lassen.

»Im musikalischen Bereich z. B. unterscheidet man einerseits zwischen reproduzierenden Künstlern, d. h. Interpreten, und andererseits produzierenden, also neuschaffenden Künstlern, d. h. Komponisten. Beide müssen außergewöhnlich schöpferische Fähigkeiten mit technischem Können verbinden. Die Tatsache, daß große Interpreten nicht ohne weiteres auch große Komponisten sein müssen und umgekehrt, zeigt jedoch, daß unterschiedliche Anforderungen an ihre Kreativität gestellt werden.

Dabei wollen wir unter Kreativität die gesamte Ausdrucksfähigkeit der Persönlichkeit verstehen, die neben den schöpferisch-geistigen Leistungen auch die wissenschaftlich-technischen und praktischen Fähigkeiten mit einschließt.
Die Kreativität reproduzierender Künstler kann als sekundäre Kreativität bezeichnet werden, die von Komponisten als primäre.« (Volkamer/Streicher/Walton 1995)

Die primäre Kreativität gilt dabei als Ursprung des menschlichen Bewußtseins. Sie bildet die Basis unserer »Denkvorgänge« und wird auch als reines Bewußtsein, als Ebene der Transzendenz oder – nach dem Komponisten Johannes Brahms – als Feld kosmischer Intelligenz bezeichnet. Die sekundäre Kreativität, die eng mit der primären verbunden ist, hat mit der Aufnahme und Integration von schon vorhandenem Wissen zu tun, das zur Problemlösung angewendet werden kann.
Peccei vom *Club of Rome* bezeichnet die Entfaltung sekundärer Kreativität als »tradiertes Lernen«. Im Gegensatz zur sekundären Kreativität strebe die primäre eine evolutionäre revolutionäre Erweiterung des Weltbildes an. Neues Denken verlange neues Lernen, ein Lernen, das neben der Auseinandersetzung mit dem über Jahrhunderte und Jahrtausende angesammelten Wissen vor allem die Ausbildung primärer Kreativität systematisch fördere. An die Stelle rein rationalen Lernens und Problemlösens habe ein Lernen zu treten, das die emotionalen und intuitiven Kräfte einbeziehe und fördere. So können das Wirken und das Zusammenspiel der Kräfte in Organisationen neu gesehen und andere Verstehens- und Beeinflussungszugänge entwickelt werden. Ganzheitliches Denken in Prozessen muß zum prägenden Faktor der Lern- und Arbeitskultur werden.

4.2 Komplexität und Dynamik

Neues Denken und neues Bewußtsein entwickeln – so lautet die Antwort auf die Komplexität und Dynamik der heutigen

Welt. Diese beiden Phänomene überfordern den Menschen immer häufiger, weil Überschaubarkeit unmöglich geworden ist. Die hohe Vernetzung führt dazu, daß die Steuerung von Projekten und Organisationen immer schwieriger und deren Verlauf immer weniger prognostizierbar wird. Außerdem verunsichern Komplexität und Dynamik den Menschen, und das erzeugt Angst. Das menschliche Sicherheitsstreben sorgt durch Selektivität dafür, daß das Unberechenbare ausgeblendet wird. Dies führt zu Fehlern beim Problemlösen und in der Entscheidungsfindung. Die Fähigkeit zum produktiven und kreativen Umgang mit Komplexität und Dynamik wird daher zu einem Schlüsselfaktor erfolgreicher Unternehmensführung und -gestaltung.

So lange Probleme und Aufgaben mechanistisch gesehen und angegangen werden, kann mit der heute vorherrschenden Komplexität und Dynamik nicht produktiv umgegangen werden. Die Komplexität eines Unternehmens ist gerade einer mechanistischen Beschreibung nicht zugänglich. Nur wenn Organisationen als lebende Systeme verstanden werden, können die verschiedenen Aspekte der Unternehmenswirklichkeit in ihren verschiedenen Verbindungen erfaßt und entsprechende Handlungen geplant werden. Wenn nun die Kräfte, welche die einzelnen Elemente bewegen, richtig beeinflußt und gelenkt werden, entstehen Kraft und Leistungsfähigkeit. Werden aber Dynamik und Komplexität nicht bewältigt, so geraten wir in den Bereich von zufälligem Erfolg respektive Versagen.

Ein typisches Beispiel für den ungenügenden Umgang mit einem komplexen System war die Katastrophe von Tschernobyl vom 26. April 1986. Dietrich Dörner weist in seiner Analyse der Katastrophe überzeugend nach, daß das Unglück von Tschernobyl ganz auf psychologische Faktoren zurückzuführen sei:

»Wir finden die Tendenz zur Überdosierung von Maßnahmen unter Zeitdruck. Wir finden die Unfähigkeit zum nichtlinearen Denken in

Kausalnetzen statt in Kausalketten, also die Unfähigkeit dazu, Neben- und Fernwirkungen des eigenen Verhaltens richtig in Rechnung zu stellen. Wir finden die Unterschätzung exponentieller Abläufe: die Unfähigkeit zu sehen, daß ein exponentiell ablaufender Prozeß, wenn er erst einmal begonnen hat, mit einer sehr großen Beschleunigung abläuft. All das sind ›kognitive‹ Fehler, Fehler in der Erkenntnistätigkeit.

Diese primären Fehler haben ihren Hintergrund [...]. Bei den ukrainischen ›Reaktorfahrern‹ handelte es sich um ein gut eingespieltes Team hochangesehener Fachleute, welches gerade einen Preis gewonnen hatte für das hohe Ausmaß, in dem ihr Reaktor ›am Netz‹ war. Wohl gerade die hohe Selbstsicherheit dieses Teams war mitverantwortlich für den Unfall. Man betrieb den Reaktor nicht mehr ›analytisch‹, sondern gewissermaßen ›intuitiv‹. Man glaubte zu wissen, womit man zu rechnen hatte, und man glaubte sich vermutlich auch erhaben über die ›lächerlichen‹ Sicherheitsvorschriften, die für ›Babys‹ beim Umgang mit Reaktoren gemacht waren, nicht aber für ein Team von gestandenen Fachleuten.

Die Tendenz einer Gruppe von Fachleuten, sich selbst zu bestätigen, alles richtig und gut zu machen, Kritik in der Gruppe implizit durch Konformitätsdruck zu unterbinden, hat Janis (1972) als die Gefahr des *groupthink* bei politischen Entscheidungsteams geschildert, zum Beispiel beim Team der Kennedy-Berater vor der katastrophal endenden ›Schweinebuchtaffäre‹.« (Dörner 1994)

Es gibt eine Reihe von typischen Symptomen, welche die Unfähigkeit vieler Menschen, mit Komplexität und Dynamik umzugehen, anzeigen:

- Lösungen anstreben, ohne das Problem genau zu kennen, entgegen dem Grundsatz: keine Maßnahme ohne Diagnose[8];
- statt Probleme lösen, Symptome behandeln;
- monokausales Denken: Jedes Problem hat nur eine Ursache;
- Entweder-oder- respektive Alles-oder-nichts-Denken;
- mehr desselben, d. h. nicht sehen wollen, daß die Lösung Teil des Problems ist (vgl. Watzlawick et. al. 1984);
- verharmlosen, verdrängen, bagatellisieren;

- Vernetzungen und Wechselwirkungen ausblenden bzw. verleugnen;
- unsinnige Vereinfachungen und Reduktionen;
- Lieblingsprobleme pflegen und dadurch das Ganze ausblenden;
- übermäßiges Mißtrauen in Mitarbeiter, Kunden oder Lieferanten;
- Veränderungsvorhaben nicht zu Ende führen, von einem Extrem ins andere fallen.

Organisationen sind Systeme, die aus verschiedenen Elementen und Merkmalen bestehen, welche zueinander in gegenseitiger Beziehung und Abhängigkeit stehen. Die Veränderung eines Elementes im System verändert auch die anderen Elemente. Es ergeben sich also zahlreiche Möglichkeiten zur Intervention. Dies verlangt nach einer Auswahl, die nur durch präzise Entscheidungsprozesse getroffen werden kann. Kreativität, Rationalität und Intuition müssen dabei gleichrangig zum Zuge kommen.

Dafür ist Prozeßkompetenz erforderlich. Sie beinhaltet die Fähigkeit, rationale Techniken genauso wie kreative Methoden zum richtigen Zeitpunkt anzuwenden, und Modelle, die einen solchen Prozeß transparent werden lassen.

Zur Komplexität gehört die Dynamik. Damit meint man vor allem die hohe Geschwindigkeit von Entwicklungen und Veränderungen. Ursprünglich verstand man unter Dynamik die »Lehre von der Bewegung von Körpern unter dem Einfluß von Kräften«, oder, allgemeiner ausgedrückt, »lebendige Bewegtheit«, »Schwung«. Der griechische Begriff *dynamos* bedeutet »Kraft«, »Vermögen«, »Leistungsfähigkeit«.

Heute besteht die Gefahr, daß sich Führungskräfte vom Tempo der Bewegungen in den verschiedenen Systemen verwirren lassen und häufig das Wichtige vom Dringlichen nicht mehr zu unterscheiden vermögen. Die Kenntnis der Phasen von Veränderungsprozessen bringt die nötige Orientierung mit sich, um entscheidende Phasen nicht zu verdrängen oder zu vergessen. Wer die Kräfte, welche die einzelnen Elemente von Organismen bewegen, richtig beeinflußt und lenkt, fördert Kraft und Leistungsfähigkeit. Die hohe Dynamik der heutigen Industriegesellschaften kann nur bewältigt werden, wenn Entwicklungs- und Veränderungsprozesse sorgfältig vorbereitet und gesteuert werden.

4.3 Wertewandel

Blicken wir auf die vergangenen fünfundvierzig Jahre zurück, so erkennen wir eine tiefgreifende Veränderung der Werte und Einstellungen sowie einen Verlust der allgemeinen Verbindlichkeit.

50er Jahre	70er/80er Jahre	90er Jahre
Pflicht	Hedonismus	Soft-Individualismus
Fleiß	Lust	Erfahrung
Familie	Ich	Freundschaft
Treue	Eros	Ehrlichkeit
Nutzen	Reiz	Entlastung
fromm	materiell	spirituell

Die materielle Orientierung hat ihre Grenze erreicht. Der Glaube an die unbegrenzte Machbarkeit ist verlorengegangen. Noch in den sechziger Jahren bis in die achtziger Jahre standen Wohlstand und materielle Sicherheit im Vordergrund. Die materielle Orientierung dieser Jahre ging mit der Entwicklung einer effizienten, hochspezialisierten und hochkomplizierten Technik einher. Dazu kam der Aufbau von komplexen Großorganisationen, die aus der Sicht des Individuums allerdings sehr abstrakt und von hoher Anonymität sind. Für einen normalen Menschen ist es beinahe unmöglich zu verstehen, was sich in diesen Systemen abspielt. Die Folge davon: Distanzierung und Mißtrauen (bis hin zur Aggressivität).

Der Verlust der stabilen Werte und der schnelle Wandel führten und führen dazu, daß der Mensch die Welt, in der er lebt, nicht mehr versteht. Wenn dies eintritt, versteht er auch sich nicht mehr. Wir haben es mit einem Identitätsverlust zu tun. So gesehen, ist es verständlich, daß die Spiritualität an Bedeutung gewinnt. Die Suche nach Spiritualität hat mit der Sehnsucht nach Sinn und Orientierung zu tun.

Fazit: Die siebziger Jahre brachten Wohlstand und Haben, die achtziger Erlebnis und Sein und die neunziger Glauben und Fühlen. Die Entwicklung verläuft gemäß der Evolutionstheorie: These, Antithese, Synthese – fromm, materiell, spirituell.[9]

Nach Strümpel und Scholz sind Werte »Leitbilder für ein gutes Leben oder eine erstrebenswerte Gesellschaft«. Es handelt sich dabei um fest verwurzelte Annahmen über das, was richtig oder falsch ist. Werte werden im Laufe des Lebens vor allem durch Erziehung, Ausbildung und Erfahrung erworben. Viele sind dem Menschen allerdings nicht bewußt. Die Orientierung an neuen Werten und Normen in Unternehmen läßt sich deshalb nicht einfach anordnen. Wertsysteme bieten dem Individuum Orientierung und Sicherheit. Veränderungen sind dabei an tiefgreifende Lernprozesse gebunden, welche die Einstellung und das Verhalten betreffen.

In den Industrieländern stellen sich aufgrund des hohen Lebensstandards neue gesellschaftliche Grundfragen. Zu nennen sind hier die steigende Zahl psychischer Erkrankungen, die Sinn- und Identitätskrise und die globale Umweltzerstörung. Damit treten in Gesellschaft und Politik Fragen nach Lebensqualität, Mitbestimmung und Demokratie oder nach dem Schutz der Umwelt in den Vordergrund. Wie die Veränderungen in den letzten fünfundvierzig Jahren gezeigt haben, gesellen sich zu den »alten« Pflicht- und Akzeptanzwerten die »neuen« Selbstentfaltungswerte. Gefragt sind menschliche, soziale und ökologische Werte.

Auch die Arbeitswelt ist davon betroffen. Sollen Menschen langfristig Leistung erbringen, muß Arbeit so gestaltet werden, daß der einzelne seinen Beitrag für das Ganze als sinnvoll erlebt. Dafür braucht es Beteiligung und Freiräume in der Arbeit. Sprenger hat aufgezeigt, daß Selbstverantwortungsmöglichkeiten ein entscheidender Faktor für den Erhalt der Leistungsbereitschaft darstellen und daß dies auch die Diskussion darüber, wie man Mitarbeitende motivieren soll, grundlegend verändert.

Das hat vor allem Bedeutung im Hinblick auf die Entwicklung und Förderung von Nachwuchskräften. Bei vielen haben heute partizipatives Führungsverhalten sowie Selbstverantwortung und Kommunikation einen hohen Stellenwert. Diese Wertorientierung bildet die Voraussetzung für die Bereitschaft, sich zu engagieren und ein hohes Maß an Leistung zu erbringen. Will man innere oder sogar äußere Kündigung dieser Mitarbeitergruppe verhindern, ist eine entsprechende Änderung der Unternehmenskultur zwingend notwendig.

»Die Mitarbeiter sind künftig also in aller Regel zu beruflichem Engagement bereit, sofern ›Karriere‹ bzw. ›sozialer Sinn‹ aus der Arbeit resultiert. Gut ausgebildete Mitarbeiter [...] erwarten von Arbeit und Arbeitgebern Handlungsfreiräume und Selbständigkeit, Sinn und die stärkere Berücksichtigung ethischer Fragen. Verschaffen sich diese Anforderungen in der betrieblichen Realität Geltung, dann dürfen sich Organisationsstrukturen und Führungsbeziehungen, aber auch das Verständnis der gesellschaftlichen Funktion von Unternehmen in den kommenden Jahren noch deutlich verändern.« (Wunderer/Kuhn 1993)

KULTUR

Als jemand voller Stolz von den wirtschaftlichen und kulturellen Errungenschaften seines Landes sprach, zeigte sich der Meister völlig unbeeindruckt. »Haben alle diese Errungenschaften die leiseste Veränderung in den Herzen deiner Landsleute bewirkt?« fragte er.

Darauf erzählte er von dem weißen Mann, den Kannibalen gefangengenommen und zu ihrem Häuptling gebracht hatten, um ihn später lebendig zu braten. Der Mann staunte, als er den Häuptling perfektes Englisch mit Harvard-Akzent sprechen hörte.

»Haben Ihre Jahre an der Harvard-Universität nichts an Ihren Gewohnheiten geändert?« fragte er ihn.

»Selbstverständlich, sie haben mir Kultur beigebracht. Wenn Sie gebraten sind, werde ich den Abendanzug anziehen und Sie mit Messer und Gabel verspeisen.« (ANTHONY DEMELLO 1994)

Die spirituelle Orientierung der neunziger Jahre verlangt eine Unternehmens- und Führungskultur, welche das Potential der Menschen im Unternehmen optimal nutzt. Dies gelingt nur, wenn Führungsverantwortliche in der Lage sind, Kooperation so zu gestalten, daß sie als permanente Lernprozesse für alle Stufen und Funktionen des Unternehmens dient.

4.4 Demographischer Wandel

Demographie ist die Wissenschaft von der Bevölkerung. Ihre Aufgabe ist es, Größe, Verteilung, Struktur sowie Veränderungen und Entwicklungen von Populationen zu beschreiben. Für unser Thema ergeben sich aus der demographischen Entwicklung folgende Erkenntnisse:

- Man wird künftig nach wie vor von einer hohen Sockelarbeitslosigkeit ausgehen müssen. Parallel dazu besteht ein Mangel an qualifizierten Fachkräften. Dies hat zur Folge, daß unternehmensinternen Bildungsmaßnahmen eine besondere Bedeutung zukommt. Denkt man dabei an die wachsende Komplexität und Dynamik, bedeutet dies, daß Lernen im konkreten Alltag geschehen muß, wenn die betriebsspezifischen Anforderungen erfüllt werden sollen.

- Einen weiteren wichtigen Faktor stellen die ausländischen Arbeitnehmer dar, die häufig auch aus anderen Kulturen kommen. Die Zusammenarbeit verschiedener Kulturen und der damit verbundenen Arbeits- und Kommunikationsstile stellt neue Anforderungen an die Führung.

- Insbesondere wird es darum gehen, gemeinsam transparente und vereinbarte Formen der Zusammenarbeit zu entwickeln.

- Wenn auch der Anteil der Frauen in Führungspositionen noch sehr gering ist, lassen sich hier ebenfalls eindeutig Veränderungen feststellen. Die echte Förderung der Frauen stellt für jedes Unternehmen ein großes Potential dar. Dies bedarf einer Führungs- und Unternehmenskultur, welche das weibliche und ganzheitliche Prinzip in der Gestaltung einer Organisation wirklich ernst nimmt. Hierfür benötigt man ein neues Bewußtsein und entsprechend gestaltete Arbeitsprozesse.

- Angesichts des Fachkräftemangels wird es immer wichtiger, qualifizierte ältere Arbeitnehmer besser miteinzubeziehen. Sie sind ein Potential, das immer noch zu wenig genutzt wird. Hier wird entscheidend sein, wie es gelingt, deren Wissen und Erfahrung für die Zielerreichung einer Firma fruchtbar zu machen. Neue Formen der Zusammenarbeit ermöglichen das.

Die demographischen Veränderungen und Entwicklungen machen deutlich, daß der traditionell »männliche« Stil der Führung und Unternehmensgestaltung in der heutigen Situation nicht mehr zu genügen vermag. Die Führung steht vor der anspruchsvollen Aufgabe, Menschen verschiedenster Herkunft, unterschiedlichen Alters und Geschlechts so zu führen, daß diese ihre Kräfte gemeinsam auf den Unternehmenserfolg ausrichten.

4.5 Wirtschaftlicher und technologischer Wandel

In wirtschaftlicher Hinsicht läßt sich eine starke Internationalisierung der Märkte beobachten. Dieser Sachverhalt ist für die interne und externe Kommunikation von Firmen von einiger Relevanz.

Für exportabhängige Länder sind Entwicklung und Gestaltung einer glaubwürdigen und überzeugenden Identität ihrer Unternehmen besonders wichtig, wenn sie im internationalen Wettbewerb bestehen wollen. Unternehmensidentität wächst aber nur dann, wenn neben dem Strategie- und dem Strukturprozeß auch die Humanprozesse genügend beachtet werden.

Der zunehmend stärker werdende Wettbewerb führt außerdem zu einem immer größeren Preis- beziehungsweise Kostendruck. Kostensenkungen sind nur ein Mittel, um konkurrenzfähig zu bleiben. Viel entscheidender dürfte – vor allem, wenn im Kostenbereich erhebliche Verbesserungen erzielt wurden – die Steigerung der Produktivität sein. Um bezüglich Kosten und Qualität optimale Ergebnisse zu erreichen, benötigen die Firmen ein Verständnis für möglichst schnelle und fehlerfreie Produktion oder für das Erbringen von Dienstleistungen. Dies setzt wiederum eine hohe Identifikation der Mitarbeitenden mit Strategie und Zielen der Firma voraus. Dasselbe gilt auch für die notwendige Integration der ökologischen Prozesse in die Wirtschaftsabläufe.

Für die Veränderungen der Unternehmenskultur und der Führungspraxis ist der fortschreitende und schnelle technologische Wandel von größter Bedeutung. Veränderungen der Technik verursachen in aller Regel auch einen Wandel der Anforderungen an die menschliche Arbeit und Zusammenarbeit. Kreikebaum und Herbert (1988) formulieren folgende Zielrichtungen für die Gestaltung der Arbeit:

- Förderung der Chancen zur Selbstverwirklichung (Sinn-findung)
- Angebot zur beruflichen Qualifikation (betriebsspezifi-sche Weiterbildung)
- Verringerung der Arbeitsentfremdung
- Stärkung der Selbstverantwortung
- Einschränkung von isolierten Arbeiten
- Ausweitung der Arbeitsinhalte/Anhebung des Anspruchs-niveaus
- Erhalt beziehungsweise Verbesserung der Arbeitsmotiva-tion durch Schaffung von Freiräumen.

Welche konkreten Auswirkungen der technologische Wan-del konkret haben wird, läßt sich heute allerdings kaum vor-aussagen. Die Diskussion darüber verläuft sehr kontrovers. Sicher ist aber, daß er zu Veränderungen führen wird, die von den Unternehmen und ihren Mitarbeitern bewältigt werden müssen.

4.6 Schlußfolgerungen

Die im vorangehenden beschriebenen Veränderungen und Entwicklungen verändern unser Weltbild grundlegend. Das alte mechanistische – hierarchisch orientierte – Weltbild wird abgelöst vom systemischen. Bezüglich Organisation und Führung ergeben sich daraus deutliche Veränderungen:

Organisation/Führung	mechanist. Weltbild	systemisches Weltbild
Kunden	ganz unten	ganz oben
Hierarchie	spitz	flach
Führungsebenen	viele	wenige
Struktur	funktionsorientiert	aufgabenorientiert
Entscheidungsfindung	oben	durch alle Ebenen
Koordination	von oben nach unten	auf allen Ebenen
Macht	oben	verteilt, überall

▶

Organisation/Führung	mechanist. Weltbild	systemisches Weltbild
Denken	Ursache/Wirkung	Wechselwirkung
Motivation	durch Anreize	durch Freiräume
Kommunikation	vertikal	lateral
Ziele	Zielvorgabe	Zielvereinbarung
Planung	durch Stäbe	durch Partizipation
Art der Kontrolle	formal, schriftlich	informell, persönlich
Ort der Kontrolle	oben, Chefs	alle, Selbstkontrolle

Der im Gang befindliche, revolutionäre Wandel brachte und bringt weitere Strukturveränderungen. Durch die Einführung von Matrix-Organisationen oder die Bildung von Profitcentern veränderten die Firmen ihr Gesicht nach außen. Um den steigenden Kundenanforderungen und den sinkenden Reaktionszeiten gerecht zu werden, verlagert sich heute die Entwicklung auf den Aufbau und die Gestaltung von Kernfähigkeiten. Das heißt, daß den organisationsinternen Kompetenzen besondere Bedeutung zukommt. Die in Firmen vorhandenen Ressourcen und Ressourcenkombinationen müssen so genutzt werden können, daß sie dem Kunden einen wahrnehmbaren und gewünschten Vorteil bringen. In diesem Zusammenhang gewinnen die neuen Informationstechnologien immer mehr an Bedeutung. Zu nennen sind hier beispielsweise Expertensysteme, Online-Datenbanken, interaktive CD-ROMs oder das Internet. Diese Technologien ermöglichen es, traditionelle Abläufe zu verbessern, was zur Neugestaltung von Kernprozessen führt. Eine solche Neuorientierung bedarf es einer Organisation, die auf Prozesse ausgerichtet ist.

»Für die Umwandlung von starren, vertikal orientierten Strukturen hin zu wandelbaren, horizontalen und damit prozeßorientierten Organisationsformen bestehen verschiedene Vorschläge. In der Praxis steht die bereichsübergreifende Koordination im Mittelpunkt, die mittels moderner Kommunikationstechnik erleichtert wird. Die Abstimmung erfolgt nahezu reibungslos, was den Unternehmen den ständigen Wandel ermöglicht. Hier offenbart sich die im Vergleich zu vertikal orientierten Unternehmen grundsätzlich andere Denkweise. Die Prozeßorganisation gibt den Rahmen vor, in dem sich die Betriebsleistung im Wertschöpfungsprozeß optimal für Mitarbeiter, Unternehmen und Anteilseigner entfalten soll. Die strategische Ausrichtung der Prozeßorganisation ist dabei ein zentraler Bestandteil. Deshalb gilt neben dem Zusammenhang ›die Struktur folgt dem Prozeß‹ auch die Aussage ›der Prozeß folgt der Strategie‹. Die Gestaltung der physischen und informatorischen Prozesse erfolgt somit in Abhängigkeit von Vision, Zielen und Strategien und dominiert im Gegensatz zur bisherigen Auffassung die Aufbauorganisation.« (Brede/Behrendt, *Der Bund*, 15. Mai 1996)

Prozeßgestaltung in modernen Unternehmen konzentriert sich in hohem Maße auf die strategischen, technischen und organisatorischen Aspekte. Sie vernachlässigt die dafür notwendigen emotionalen und soziopsychologischen Prozesse, eben die Humanprozesse. Damit Strategien auch von den Mitarbeitern getragen werden, brauchen sie nicht nur einen rationalen Konsens, sondern ebenso einen emotionalen.

»Erst auf der Basis eines emotionalen Konsenses wird ein rationaler Konsens tragfähig. Fehlinterpretationen beschränken sich dann auf ein Minimum, oder anders ausgedrückt, je tiefer der emotionale Konsens einer Gruppe reicht, desto stärker wird ihre Effizienz.« (Bauer 1996)

Die Permanenz des globalen Wandels hat zur Folge, daß in einem Unternehmen drei Prozesse einander laufend beeinflussen und ebenso ständig aufeinander abgestimmt werden müssen. Es sind dies:

• Human-Prozeß
• Strategie-Prozeß
• und Struktur-Prozeß.

Weil Strategien auf rein rationaler Basis in der Umsetzungsphase sehr unterschiedlich und subjektiv interpretiert werden, bedarf es entsprechender Humanprozesse. Nur wenn die Kulturebene gleichrangig behandelt wird, gelingt es, ein Unternehmen neu auszurichten und erfolgreich zu führen.

»Solange die Kulturebene nicht bearbeitet ist, solange man im Unternehmen keine klaren, möglichst lebbaren Aussagen über Werte, Klima, Ziele, Spielregeln usw. machen kann, solange im Unternehmen ein Mißtrauensklima oder ein Klima der Angst und der Unsicherheit vorherrscht, so lange hat es wenig Sinn, Strategien, für was auch immer, zu verabschieden oder zu versuchen, diese durchzusetzen. Die Kulturebene kompetent zu bearbeiten, ist in den meisten Unternehmen nach wie vor unüblich. ›Psychologenkram, laßt uns erst mal das wichtige tun, um die Kultur kümmern wir uns später.‹ Das bedeutet in Wirklichkeit, um die Kultur kümmern wir uns nie. Man geht den harten Weg. Wer Strukturen ändern will, braucht aber die Bereitschaft der Menschen dafür. Und ohne kompetente Bearbeitung der Kulturebene wird er sie entweder gar nicht oder nur scheinbar bekommen.« (Bauer 1996)

Die Beachtung der Kulturebene durch die bewußte Gestaltung und Steuerung der Humanprozesse schafft das nötige neue Bewußtsein für das, was das Unternehmen weiterbringt. Die Beteiligung der Betroffenen an der Neuausrichtung fördert die hierarchieübergreifende Teamarbeit und schafft Identifikation, welche Strategien erst voll durchsetzungsfähig macht.

Für die Führung heißt dies, daß WAS und WIE der Zusammenarbeit, der Problemlösung und der Entscheidungsfindung gleichrangig beachtet werden müssen.

Dafür bietet sich das Enneagramm ideal an. Als Prozeßinstrument hilft es uns, Humanprozesse und Sachprozesse miteinander zu verbinden, Transparenz und Verbindlichkeit herzustellen, vernetzt zu denken und das männliche und weibliche Prinzip der Ganzheit in die Praxis umzusetzen. Als Typologie bietet es einen Zugang zum besseren Verständnis der eigenen Charaktermuster und der damit verbundenen Kommunikations-, Kooperations- und Führungsstile.

5 Das Enneagramm

Als alte Weisheitslehre und Überlieferung läßt sich der
Geist des Enneagramms allein rational kaum erfassen. Das
Verständnis kann nur ganzheitlich geschehen, d. h. intuitiv
und rational. Im folgenden werden Grundlagen, Herkunft,
Grundbegriffe und mögliche Wege zu einer ganzheitlichen
Entdeckung beschrieben und vorgeschlagen.

5.1 Eine erste Annäherung

Das Enneagramm ist zunächst eine graphische Darstellung:
Ennea ist das griechische Wort für »neun«. Enneagramm bedeutet also die graphische Darstellung einer Neunheit.

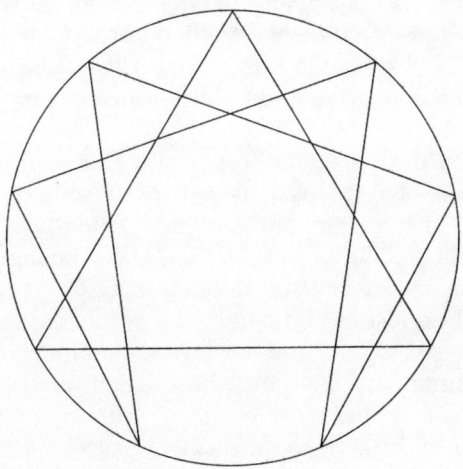

Abbildung 1: Das Enneagramm

Das Enneagramm ist eng mit der Sufi-Mystik verbunden. Dort bildet es einen wichtigen Bestandteil der Sufi-Lehre. Zum einen dient es der bildlichen Erfassung kosmologischer Prozesse, zum anderen wird es zur Entfaltung des menschlichen Bewußtseins verwendet.

Es kann als Instrument genutzt werden, mit dessen Hilfe man die unterschiedlichsten Arten von Prozessen versteht, gestaltet und steuert. Darüber hinaus dient es dazu, Prozesse unter den unterschiedlichsten Blickwinkeln und Verknüpfungen zu sehen. Dies können genauso Produktionsprozesse wie Problemlösungs- oder Entscheidungsprozesse sein. Da Leben aus den unterschiedlichsten Prozessen besteht, können auch die unterschiedlichsten Prozesse dem Bewußtsein zugänglich gemacht werden. Erst das bewußte Sehen und Erkennen von Prozessen macht diese gestalt- und steuerbar.

Mit dem Modell des Enneagramms werden auch neun Persönlichkeitstypen und deren Beziehung und Dynamik beschrieben. Als solches ist es zunächst ein Instrument der Selbsterkenntnis. Die Auseinandersetzung mit den neun grundlegenden Persönlichkeitsstilen fördert aber nicht nur das eigene Selbstverständnis, sondern trägt darüber hinaus auch zu einer vertieften und differenzierteren Menschenkenntnis bei.

Die Themen der einzelnen Typen des Enneagramms haben die Aufgabe, den Menschen näher zu seinem Wesen zu führen und die in ihm vorhandenen Potentiale seiner Bewußtseinsentwicklung zu aktivieren. Das Enneagramm kann somit auch als Bewußtseinsmodell bezeichnet werden. In dieser Funktion ist es Teil einer erweiterten psychologischen Betrachtungsweise, die von der Grundannahme ausgeht, daß das Individuum und die ganze Menschheit eine existentielle und spirituelle Dimension besitzen. Kommunikations- und Kooperationsprobleme, aber auch Lebensprobleme, Neurotizismen und psychosomatische Störungen werden hier als Stationen und Aufgaben gesehen, mit deren Hilfe man zu größerer Bewußtheit reifen und höhere Bewußtseinsebenen erschließen kann.

Als dynamisches System zeigt das Modell, daß jeder Mensch über das Potential aller neun Typen verfügt, wobei die Aspekte und Themen des eigenen Typus im Vordergrund stehen. Weil es sich um ein dynamisches System handelt, ist seine Anwendung an einen differenzierten Umgang mit ihm gebunden. Es setzt die genaue Kenntnis des ganzen Modells und seiner anthropologischen, psychologischen und spirituellen Grundlagen voraus und ebenso die Bereitschaft, Menschen nicht nach einem System zu etikettieren. Der Wille, sich auf jeden Menschen und seine Art, mit Problemen und Aufgaben umzugehen, neu einzulassen, ist dabei von größter Bedeutung.

Das Enneagramm war ursprünglich Teil einer mündlichen Lehrtradition. Ein vertieftes Verständnis des ganzen Modells kann deshalb nie allein durch das persönliche Studium von Büchern erarbeitet werden. Der nutzbringende Umgang mit ihm ist nur in der Begegnung und Auseinandersetzung mit Menschen zu erlernen. Bücher wie das vorliegende haben lediglich die Aufgabe, eine Orientierung und ein erstes Verständnis des Systems und seiner Begriffe zu schaffen.

5.2 Zur Geschichte des Enneagramms

Das Enneagramm gehört mit seiner Symbolik wohl zu den ältesten Systemen. Über Jahrhunderte wurde es von spirituellen Lehrern mündlich überliefert und vermutlich von Gurus (Seelenführern) und geistlichen Meistern angewendet.

Seine genaue Herkunft und Entstehung liegen weitgehend im Dunkel der Geschichte verborgen. Alles, was über die Herkunft und Entstehung des Enneagramms geschrieben wurde und wird, hat wenig mit konkreten Fakten und handfestem Wissen, dafür um so mehr mit Spekulation zu tun. Aufgrund der späteren Überlieferungen durch G. J. Gurdjieff (1877–1949) und Oscar Ichazo darf aber mit hoher Wahrscheinlichkeit angenommen werden, daß es im ausgehenden Mittelalter durch Sufi-Bruderschaften überliefert und auch weiterentwickelt worden ist.

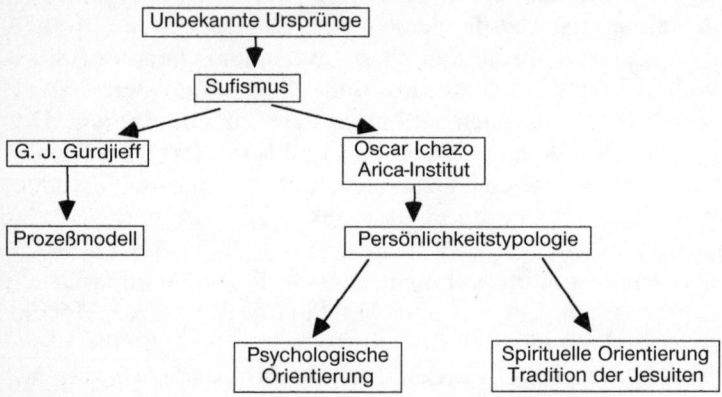

Abbildung 2: Die Entwicklungsgeschichte des Enneagramms

Es lassen sich also zwei Grundformen der Anwendung unterscheiden. Zum einen wird das Enneagramm als Modell für das Verstehen, Gestalten und Steuern von Prozessen verwendet, zum anderen dient es als Persönlichkeitstypologie. Als Typologie findet es sich heute in zwei Ausprägungen: mit klarer psychologischer Ausrichtung und mit spiritueller Orientierung (wie vor allem bei den Jesuiten). Bei der **psychologischen Orientierung,** zu deren Vertretern Claudio Naranjo, Richard Riso oder auch Hans Gallen und Annemarie Neidhardt zu zählen sind, wird vor allem die Verbindung zu den Ergebnissen und Erkenntnissen der modernen Psychologie, insbesondere der Humanistischen Psychologie und der Tiefenpsychologie, gesucht. In der **spirituellen Tradition** ging und geht es um den inneren religiösen Weg des Menschen. Für die Meister des Sufismus stellt es eine Orientierung dar, mit deren Hilfe sie von sich zu Gott finden können. Die neuen Muster, die im Enneagramm beschrieben werden, zeigen sowohl die inneren Barrieren und Blockaden als auch die Entwicklungsaufgaben, die auf dem inneren geistlichen Weg zu bewältigen sind.

Allerdings ist die Trennung in eine psychologische und spirituelle Richtung eine eher künstliche, denn bei den zentralen Fragen der menschlichen Existenz, vor allem der nach dem Sinn unseres Daseins, treffen sich die beiden Richtungen wieder. Damit beschäftigt sich heute auch die Transpersonale Psychologie intensiv. Schon der Tiefenpsychologe Karlfried Graf Dürckheim hat auf die enge Verbindung von Psychologie und Spiritualität hingewiesen.

Spiritualität hat – so, wie wir den Begriff hier benutzen – noch nichts mit Religion im herkömmlichen Sinn zu tun. Es geht vielmehr um Fragen der persönlichen Lebenssinnfindung und Wesenswerdung. Dürckheims vertieftes Studium der Zen-Meditation brachte ihn zu der Erkenntnis, daß der integrierte Mensch jener Mensch sei, der seinem Wesen gemäß lebt. Dies heißt letztlich: der Mensch zu sein, der er oder sie von seinem Potential und seinen Möglichkeiten her zutiefst ist. Aus dieser Perspektive wird klar, daß echte psychologische Persönlichkeitsarbeit immer irgendwann zu den letzten Fragen unseres Seins führt.

»Es gibt zwei Arten von Anthropologie: die einer Wissenschaft, die fragt: Was ist der Mensch? und die einer Kunde vom Menschen, die fragt: Was heißt es, ein Mensch zu sein? Die erste sieht den Menschen gleichsam als ein Bewußtseinswesen, gebildet aus Leib, Seele und Geist, begabt mit bestimmten Fähigkeiten und Fertigkeiten, und fragt nach seiner Entwicklung dieser Gaben durch die Jahrtausende hindurch und in den verschiedenen Völkern und Rassen. Das ist nie mein Problem gewesen. Meine Anthropologie betrachtet den Menschen als Wesen, das sich seiner selbst bewußt ist, das vor allem darunter leidet, nicht das zu sein, was es in Wahrheit ist. Es handelt sich um den Menschen, der sein Welt-Ich überentwickelt hat und eines schönen Tages lernen muß, es zu transzendieren, um seine tiefsten Wurzeln wiederzufinden. Man könnte sagen, daß der Mensch durch drei Stadien des ›Ich‹ hindurchgeht. Das ›kleine Ich‹, das nur auf sein Bestehen bedacht ist, Genuß, Besitz, Geltung und Macht sucht. Darüber hinaus gibt es das Ich im Sinne des ›Welt-Ichs‹, das sehr viel mehr umfaßt. Es ist das Ich, das lieben kann, das sich selbstlos einer Sache, einem Werk, einer Gemeinschaft, einer Person hingeben kann … Es kann seine Egozentrik überwinden, wodurch es sich erst eigentlich vom Tier unterscheidet und erst wirklich zum Menschen wird. Und schließlich gibt es den Menschen, der zu seinem Wesen erwacht ist, der vom Wesen her sagen kann: ›Ich bin‹.« (Dürckheim 1985)

Das Wesen jedes Menschen ist ein Geheimnis. Es ist nicht erklärbar und nur begrenzt verstehbar.

DIE LOTOSBLUME

»Der Schatz in eurem tiefsten Innern möchte eurem Auge sichtbar werden. Doch wieget nicht euren unbekannten Schatz auf einer Waage; und erforschet nicht die Tiefe eures Wissens mit dem Meßstock oder der Lotschnur. Denn das Ich ist ein Meer ohne Maß und Grenzen.

Saget nicht: ›Ich habe die Wahrheit gefunden‹,

saget lieber: ›Ich habe eine Wahrheit gefunden.‹

Saget nicht: ›Ich habe den Pfad der Seele entdeckt‹,

saget lieber: ›Ich habe die Seele getroffen, auf meinem Pfade wandelnd.‹

Denn die Seele wandelt auf allen Pfaden.

Die Seele wandelt nicht auf einer Bahn, noch wächst sie wie ein Schilfrohr.

Die Seele entfaltet sich gleich einer Lotosblume, aus Blütenblättern ohne Zahl.« (GIBRAN 1983)

Da die Wurzeln des Enneagramms nicht bekannt sind, sind wir heute darauf angewiesen, es aufgrund der Praxis und der Überlieferungen späterer Lehrer zu verstehen. Dabei ist zu bedenken, daß diese gewöhnlich das Modell durch eigene Ergänzungen und Ausgestaltungen erweiterten und nach wie vor erweitern. Das erklärt, warum verschiedene Interpretationen zirkulieren.

»Während manche dieser Ergänzungen das Verständnis der Persönlichkeitstypen erhöhten, taten andere dies überhaupt nicht. Manche Lehrer haben beispielsweise den Persönlichkeitstypen bestimmte Farben und Tiere als Symbole zugeordnet, was zwar eine poetische Ausdruckskraft haben mag, aber dadurch an Wert verliert, weil andere Lehrer wiederum die Farben und Tiere willkürlich veränderten. Zudem widersprechen sich verschiedene Interpretationen ganz unverhüllt in grundlegenden Punkten, wie beispielsweise die Richtung innerhalb der Integration und Desintegration, und vor allem auch deshalb, weil manche Lehrer Züge eines Persönlichkeitstypus fälschlicherweise einem anderen Typ zuordnen. Das Ergebnis ist, daß vieles, was man über das Enneagramm zu hören bekommt, entstellt ist: Es klingt zwar noch richtig, ist aber doch nicht verläßlich genug, um einem im Alltagsleben wirklich nützlich zu sein.« (Riso 1989)

5.3 Das Modell und seine Symbolik

Das Enneagramm ist ein Diagramm, eine »Neuner-Figur«, und versteht sich als universelles kosmisches Symbol, das alle Lebensvorgänge zu erklären vermag. Für die Gestaltung und Steuerung von Prozessen bedeutet dies, daß es eine vernetzte Betrachtungsweise ermöglicht, indem es bei den einzelnen Prozeßschritten systematisch verschiedene Perspektiven und Sichtweisen in die Entwicklungsgestaltung einbezieht. Es verbindet rein rational-logische Schritte mit emotionalen und kreativen Prozessen und hilft damit von einem mechanistischen zu einem ganzheitlicheren und subtileren Vorgehen zu finden. Das Enneagramm will Lebens-, Entwicklungs- und Veränderungsprozesse bewußt machen.

Die Symbolik des Enneagramms

Unter einem Symbol verstehen wir ein »bildhaftes Zeichen, das einen tieferen Sinn ausdrückt«[10]. Der griechische Begriff *symbolon* bedeutet »Erkennungszeichen«, »Kennzeichen«, »Merkmal«, »Sinn-Bild«[11]. Ein solches Symbolon hatten beispielsweise im klassischen Griechenland die in die Mysterien von Mithras und Kybele Initiierten als Erkennungszeichen. Die Schüler von Gurdjieff benutzten das Enneagramm als Symbolon, als Erkennungszeichen. In der Psychologie C. G. Jungs gelten Symbole als »Energietransformatoren« des psychischen Geschehens[12]. Symbole haben die Funktion, dem Menschen zu helfen, kreativ mit Problemen und Fragestellungen umzugehen. In einem schöpferischen Prozeß ist das Symbol

»ein sichtbares Zeichen einer auch unsichtbaren ideellen Wirklichkeit. Beim Symbol sind also immer zwei Ebenen zu beachten: In etwas Äußerem kann sich etwas Inneres offenbaren, in etwas Sichtbarem etwas Unsichtbares, in etwas Körperlichem das Geistige, in einem Besonderen das Allgemeine. Wenn wir etwas deuten, suchen wir jeweils die unsichtbare Wirklichkeit hinter diesem Sichtbaren und ihrer Verknüpfung.« (V. Kast 1994)

Ein Symbol ermöglicht uns andere, tiefergehende Zugänge zur Wirklichkeit. Es führt vom Vordergründigen zum Dahinter-Liegenden. So bezeichnet Jung das Symbol als

»ein Gebilde höchst komplexer Natur, denn es setzt sich zusammen aus den Daten aller psychischen Funktionen. Es ist infolgedessen weder rationaler noch irrationaler Natur. Es hat zwar eine Seite, die der Vernunft unzugänglich ist, indem es nicht nur aus den Daten rationaler Natur, sondern auch aus den irrationalen Daten der reinen inneren und äußeren Wahrnehmung zusammengesetzt ist. Das Ahnungsreiche und Bedeutungsschwangere des Symbols spricht ebensowohl das Denken wie das Fühlen an, und seine eigenartige Bildhaftigkeit, wenn zu sinnlicher Form gestaltet, erregt die Empfindungen sowohl wie die Intuition.« (C. G. Jung in: Hark 1988)

Das Symbol des Enneagramms ist mit dem Mandala verwandt, einem anderen kosmischen Symbol aus dem tibetischen Buddhismus. Von den Mandalas glaubte man,

»daß sie den inneren Grund der Formen und Gestaltungen sichtbar machen, mit denen das Universum angefüllt ist. Ebenso wie jegliche Materie, wie auch immer ihre äußere Struktur beschaffen sein mag, aus einer spezifischen Grundeinheit, dem Atom, zusammengefügt ist, kann jeder Aspekt der Welt in seiner strukturellen Form als Yantra wahrgenommen werden.« (Khanna 1980)[13]

Das Symbol des Enneagramms[14] ermöglicht Verstehenszugänge zum Wesen und Funktionieren von Prozessen, die ja, wie wir gesehen haben, ganzheitlicher Art sind. Durch das Symbol werden die Verbindung und das Zusammenspiel der linken und rechten Hirnhälfte gefördert. Außerdem integriert die Symbolik das Prinzip des Weiblichen und das Prinzip des Männlichen zur Ganzheit. Die Auseinandersetzung mit dem Symbol vermag gegensätzliche Pole energetisch für Wachstums- und Entwicklungsprozesse fruchtbar zu machen. Weiter versteht sich das Enneagramm als Symbol einerseits als bildlicher Ausdruck der Idee des Kosmos und andererseits als Ausdruck der Erscheinungsformen der menschlichen Psyche. So stellt es »eine Sehhilfe dar, um tiefer und weiter das zu sehen, was die Welt im Innersten zusammenhält« (Vollmar 1994). Blake meint dazu: »Etwas zu erkennen, bedeutet, es zu sehen.« (Blake 1994)

Das Enneagramm hilft, das zu sehen, was Organismen lebendig und im Fluß hält oder was deren Energien blockiert. Es gehört zum Wesen des Symbols, etwas Unbekanntes zu verdeutlichen. Wachstum, Entwicklung und Veränderung haben immer auch etwas Unbekanntes. Dieses Unbekannte kann – je nach Intensität – Verunsicherung und Angst erzeugen. Das dürfte einer der Hauptfaktoren für Widerstand und Abwehr gegenüber Veränderungsvorhaben sein. Die Verdeutlichung des Unbekannten ermöglicht einen bewußten und konstruktiveren Umgang mit Wandel und Veränderung.

Es tritt der sogenannte »Rumpelstilzchen-Effekt« ein: Rumpelstilzchen verliert seine Macht in dem Moment, in dem sein Name bekannt wird.

Für die erfolgreiche Gestaltung von Veränderungsprozessen benötigen wir heute – um der Komplexität und Dynamik gerecht zu werden – andere Zugänge und Modelle als die bisher praktizierten. Die Arbeit mit ganzheitlichen Modellen kann nicht nur Individuen aus Blockierungen des Energiepotentials heraushelfen, sondern auch Organisationen bei der Integration des unbewußten Teils (der Schatten im Sinne von C. G. Jung) des organisatorischen Eisberges und der Erschließung der im ganzen System innewohnenden Ressourcen unterstützen. Das Enneagramm könnte einen solchen Zugang darstellen. Dies gilt vor allem dann, wenn man es in der Prozeßarbeit nicht nur auf der intellektuellen Ebene benutzt, sondern Erkenntnis als das Ergebnis eines Prozesses von Körper, Seele und Geist versteht.

Die geometrischen Elemente des Enneagramms

Das Symbol des Enneagramms zeigt sich in der Form einer geometrischen Struktur.

»Geometrische Formen bilden unsere Welt, denn sie geben Strukturen von Rhythmen und Schwingungen wieder, die unsere Welt aufbauen. Alle unsere Sinne reagieren auf geometrische Impulse: Wir riechen zum Beispiel den Duft einer Blume, weil in bestimmter Weise geometrisch geordnete Moleküle auf unsere Riechrezeptoren treffen. Und auch das Sehen, wie alle anderen Sinne, ist von der Geometrie der auf die Sinnesorgane auftretenden Impulse, das heißt der Frequenzen, abhängig. Die ganze Außenwelt als Welt der Materie beruht auf bestimmten geometrischen Formen, die alle letztlich auf die Archetypen Kreis, Dreieck und Quadrat zurückzuführen sind. So verwundert es nicht, wenn das Enneagramm als geometrische Struktur die Struktur oder den Rhythmus der Natur symbolisiert.« (Vollmar 1994)

Die geometrischen Elemente des Enneagramms sind der Kreis, das gleichseitige Dreieck und ein unregelmäßiges Sechseck.

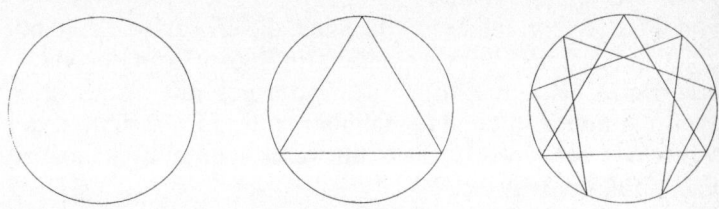

Abbildung 3: Die geometrischen Elemente des Enneagramms

Der **Kreis** ist das archetypische Symbol von Seele und Weiblichkeit. Er steht für Ganzheit und die ewige Wiederkehr des gleichen. In allen alten Traditionen spielt das Symbol des Kreises eine zentrale Rolle. Denken wir nur an das Medizinrad bei den Indianern oder an den Heiligenschein in der christlichen Tradition. »Das Sanskritwort für ›Kreis‹ ist *Mandala*, wobei dieses Wort sowohl den Kreis als geometrische Figur als auch die dem Kreis innewohnenden Bewegungen und Prozesse beschreibt« (Vollmar 1993). Durch die zwei Bewegungsrichtungen des Kreises wird das Zusammenwirken gegensätzlicher und sich ergänzender Kräfte verdeutlicht.

»Wie das Rund der Erde und deren Kreisbahn durch zwei entgegengesetzt wirkende Kräfte (Rotations- und Zentrifugalkraft) bestimmt ist, so hängt auch der Weg des Menschen und allen Seins von ebensolchen Kräften ab. Durch zwei gegensätzliche Kräfte – wie bewußt und unbewußt, aufmerksam und schlafend, männlich und weiblich, anziehend und abstoßend – kommt der Kreis überhaupt erst zustande. Er symbolisiert den Weg zwischen diesen Gegensätzen hindurch und erinnert uns daran, daß solch ein Weg nie eine gerade Linie sein kann.« (Vollmar, ebd.)

In Analogie dazu läßt sich auch das kreisförmige Denken vom linearen Denken unterscheiden. Wer kreisförmig denkt, kommt zum Erkennen und Verstehen, indem er die Wirklichkeit von verschiedenen Punkten aus betrachtet. Beim Enneagramm sind es die neun Punkte, unter denen jede Art von Prozeß betrachtet wird. Auch die Zahl Neun ist mit einer tiefen Symbolik verbunden. Im Sufismus, in der klassischen griechischen Kultur und in der gesamten arabischen Welt dienten Zahlen als Symbole für die Eigenschaften der Welt. Wie der Kreis ist die Zahl Neun Symbol für Ganzheit und Vollkommenheit.

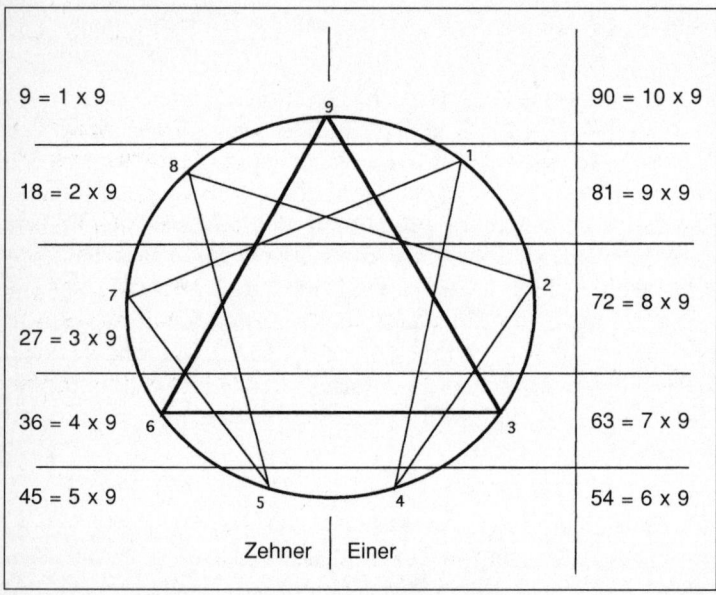

Abbildung 4: Die Zahl Neun im Enneagramm: Symbol für Ganzheit und Vollkommenheit

Das weibliche Prinzip, das im Symbol des Kreises seinen Ausdruck findet, wird durch das **Dreieck**, dessen Linien dem männlichen Archetypus entsprechen, ergänzt. Die Dreieckspunkte symbolisieren die erhaltende oder bejahende Kraft, die zerstörende oder verneinende und die Bindekraft. Bekannter sind diese drei Kräfte unter den Begriffen These, Antithese und Synthese.

58

»Diese drei Kräfte rufen eine differenziertere Schöpfung hervor. Deswegen nennt der amerikanische Zukunftsforscher und Architekt Buckminster Fuller das Dreieck den wichtigsten Baustein unseres Universums – damit stimmt er übrigens mit den Germanen überein, die in ihren beiden Runenreihen drei Einweihungswege unterscheiden. Diese drei Einweihungswege werden Freir, Odin und Tyr zugeordnet. Freir drückt Energie, Odin die Materie und Tyr die Information aus. Das sind exakt die drei Bausteine unseres Universums, die dem Dreieck des Enneagramms entsprechen.« (Vollmar 1994)

Vollmar weist außerdem darauf hin, »daß dem Gesetz der Drei eine Grundstruktur der Informationsverarbeitung unseres Gehirns entspricht.«
Die Kräfte des Dreiecks erzeugen bestimmte Effekte und Reaktionen, die durch die Punkte des Sechsecks sichtbar werden. Die Linie 1 – 4 – 2 – 8 – 5 – 7 bildet das unregelmäßige Sechseck des Enneagramms. Diese Linie »wird auch die ›Linie der ewigen Wiederkehr‹ oder ›Linie der Periodizität‹ genannt, da jeder Prozeß und jedes Ereignis immer wieder diesem Ablauf folgt.« (Vollmar, ebd.)

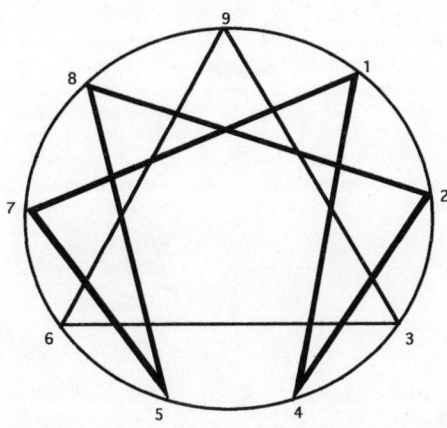

Abbildung 5: 1 – 4 – 2 – 8 – 5 – 7: Die Linie der Periodizität

6 Prozesse verstehen, gestalten und steuern mit dem Enneagramm

Unternehmen sind keine statischen Gebilde, sondern psychische Organismen, die sich dynamisch wandeln und gestalten. Wenn wir von Prozessen sprechen, meinen wir damit immer auch Wandel und Veränderung. Lebendige Organismen sind in ihrer Entwicklung durch eine Reihe von Wendepunkten und Übergängen gekennzeichnet, die ihnen Gelegenheit geben, sich umzugestalten und neu zu ordnen. Neue Strategien, Fusionen, Restrukturierungen, ein neues Management usw. können solche sichtbaren Wendepunkte sein.

Viele Organisationen tun sich jedoch mit den Umbrüchen in ihrer Entwicklung schwer. Neben der Einführung organisatorischer Maßnahmen benötigt man dafür bestimmte Formen der Zusammenarbeit, die Entwicklung neuer Haltungen (Einstellungen, *attitudes*) und entsprechender Führungsgewohnheiten. Weil sich die heutigen Umbrüche viel tiefgreifender, schneller und kurzfristiger als früher vollziehen, brauchen wir einerseits ein Verständnis für die dabei ablaufenden bewußten und unbewußten Prozesse und andererseits die Fähigkeit, Prozesse zu gestalten und zu steuern. Wir müssen wissen, wie Veränderungen in einem lebendigen Organismus ablaufen, damit die Organisation Form und Ordnung finden kann und sich laufend zu erneuern vermag.

Alle Veränderungen im Leben weisen deutlich voneinander unterscheidbare Phasen auf. Jeder Abschnitt hat seine eigenen typischen Merkmale und Problemstellungen und wird von den betroffenen Menschen gefühlsmäßig unterschiedlich erlebt. Dies hat Konsequenzen für die Gestaltung und Steuerung eines Veränderungs- und Entwicklungsprozesses.

6.1 Endung, Mittelgrund und Formbildung

Bei einer Wende im Leben einer Organisation werden zunächst die gewohnten Haltungen und Verhaltensmuster aufgebrochen. Es folgt eine Zeit, in der alles ungeformt wird und im Fluß ist, schließlich eine Phase des Experimentierens mit neuen Einstellungen und neuen Verhaltensweisen. In Anlehnung an Stanley Kelemans Wandlungsmodell bezeichnen wir diese Phasen als *Endungen*, *Mittelgrund* und *Formbildung*.

Endung

Endungen kennzeichnen den Moment, in dem die bisherige Art und Weise – oder ein Teil davon –, anstehende Aufgaben anzugehen und Probleme zu lösen, keine befriedigenden Resultate mehr bringt. Es beginnt ein Prozeß der Trennung von Gewachsenem und der Neugestaltung. Dies ist als Teil des natürlichen Lebens- und Entwicklungsvorganges zu sehen.

Endungen bringen zum Abschluß, was als geregelt und geordnet galt. Dies bedeutet Entgrenzung, Distanzierung, Rückzug und Sammlung. Zunächst steht dabei der Rückzug im Vordergrund. Wir lösen uns von den bisherigen Vorstellungsmustern und fangen an, dem Bisherigen Energie zu entziehen. Ein Widerstreit zwischen Verharren und Neuaufbruch entsteht. Wenn sich ein Ende ankündigt, ist das verbunden mit Spannung, Angst und Widerstand. Die betroffenen Menschen der Organisation sind zutiefst verunsichert.

Ein lebendiger Organismus gedeiht in stabilen Verhältnissen, obgleich auch Kräfte, die nach Veränderung und Wachstum streben, wirksam sind. Stabilität wird durch die Ausbildung von Stereotypien, Verhaltensabläufen und deren Wiederholung erreicht. So entsteht im Unternehmen Ordnung, die für sein Funktionieren und die Sicherheit der Mitarbeiter nötig ist.

Wenn die Muster und Stereotype des Funktionierens ins Wanken geraten, versuchen Menschen nahezu alles, um sie zu verewigen. Wollen wir nicht, daß sich die betroffenen Menschen offen oder heimlich weigern, die Herausforderung anzunehmen, so müssen wir uns bewußt damit auseinandersetzen, wie Aufgaben und Probleme bisher bewältigt wurden. Selbstverständlich können Unternehmensleitungen die Veränderungen zu bewältigen suchen, indem sie einfach die Menschen auswechseln. Der Preis dafür kann aber sehr hoch sein, wenn man bedenkt, wie viel Humankapital so verschenkt wird. Das Auflösen von Form und Struktur ist Teil der unumgänglichen Lebensrhythmen und gehört damit auch zu den beständigen Aufgabenbereichen einer Führung, die mit ihren Ressourcen sorgfältig umgeht.

Mittelgrund

Der Mittelgrund ist die Phase der schöpferischen Veränderung, die Zeit des Übergangs – eine Art Niemandsland. Jetzt entstehen neue, einfache Ordnungen, die aber nur komplexere vorbereiten. Gleichzeitig ist der Mittelgrund auch die Phase der Widersprüche und Spannungen. Vorwärtsdrängende und bewahrende Kräfte zeichnen sich ab. Dies kann manchmal sehr chaotisch sein. Die Unternehmensführung ist in diesen Momenten besonders gefordert. Sie ist die Hüterin der Aufgabe. Sie muß der neuen Vision zum Durchbruch verhelfen.

Der Mittelgrund und die dazugehörigen chaotischen Elemente sind nötig, damit die Energien des ganzen Unternehmens frei werden für das Visionäre und Neue. Diese Neuausrichtung geschieht nur, wenn die Spannung zwischen dem Bedürfnis nach der Vergangenheit und dem Drang in die Zukunft ausgehalten wird.

Die Gestaltung und Steuerung der Entwicklung einer Organisation stellt eine wichtige Führungsaufgabe dar. Sie kann nur gelingen, wenn den verschiedenen Prozessen, die in dieser Phase ablaufen, Rechnung getragen wird.

Formbildung

Jetzt drängen mit Formkraft begabte Energien zur Verwirklichung. Neue Vorstellungen, Haltungen und Einstellungen entstehen, die nach neuen Verhaltensweisen rufen. Formbildung heißt, gewonnene Einsicht und nach innen gerichtete Schau in neue Ziele, Strategien, Wege der Aufgaben- und Problemlösung sowie kommunikative und soziale Formen umzusetzen. Neues Verhalten auszubilden erfordert Zeit zum Lernen und Ausprobieren, die Möglichkeit, Mißerfolge zuzulassen, und die Gelegenheit zum wiederholten Versuchen, bis sich das Neue eingespielt hat. Diese Phase verlangt von den Chefs aller Stufen viel Klarheit bezüglich der neuen Verhaltensweisen und eine realistische Einschätzung des notwendigen Aufwandes, dessen es bedarf, bis das Neue wirklich integriert ist.

Das Modell des Wandels zeigt auch, daß sich die Führung in Phasen der Veränderung nicht nur mit den Inhalten eben dieser Veränderung, also dem Was auseinandersetzen darf. Genausoviel Sorgfalt ist dem Wie des Wandlungsprozesses zu widmen. Was und Wie bedingen einander, und die Qualität des einen hat Rückwirkungen auf jene des anderen. Oft mißlingen Wandlungsprozesse, weil dem Wie zu wenig Aufmerksamkeit geschenkt wurde.

Um konstruktiv mit diesem Wandel umgehen zu können, brauchen Manager sensitive Eigenschaften, Vorstellungskraft und Phantasie[15]:

Kreatives Verständnis:	– die richtigen Fragen stellen
	– die Standpunkte des anderen einnehmen können
	– zum Kern der Probleme vordringen können
Sensitivität:	– auf andere eingehen können
	– leistungsstarke Mitarbeiter in die Unternehmenskultur einbringen
	– große Ziele erreichen

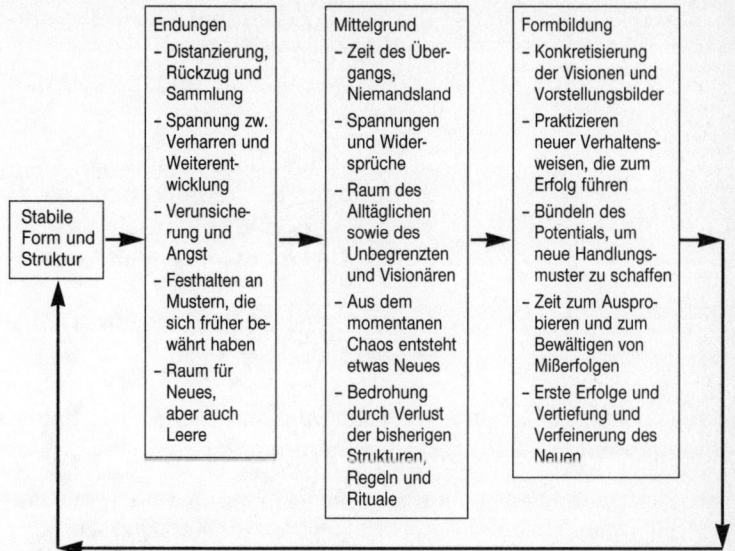

Abbildung 6: Phasenmodell der Veränderung (in Anlehnung an Stanley Kelemans Wandlungsmodell)

Vision:	– sich die Zukunft vorstellen können
	– Bekanntes und Unbekanntes miteinander verbinden
	– die Organisation flach und unbürokratischer denn je sehen und danach handeln
Flexibilität:	– Wertewandel bei Kunden und Mitarbeitenden erkennen, verwerten, vorwegnehmen
	– weiterführende Ziele verwirklichen
	– über »Neues« nachdenken
Konzentration:	– sich auf das Wesentliche einlassen
	– persönliche Energie- und Leistungsreserven auf den Erfolg richten

	– das Notwendige und Machbare herausfiltern und dafür begeistern
	– anders sein als die andern und dies umsetzen
Geduld:	– in langen und damit stabilisierenden Zeiträumen denken und handeln
	– persönliche und unternehmerische Perspektiven entwickeln und umsetzen
	– Geduld haben, bevor sich etwas sichtbar verändert

Diese Fähigkeiten und Eigenschaften sind eng an die Fähigkeit gebunden, in Prozessen wahrzunehmen.

»Als Mercedes die neue S-Klasse plante, entwarfen die Ingenieure ein Fahrzeug, in dem die Entwicklung der vorangegangenen Jahre fortgeführt wurde. ›Größer – luxuriöser – stärker‹ entsprach Vorstellung und jahrelanger situativer Einschätzung der Verantwortlichen. Prozeßinformationen, die beispielsweise Umweltaspekte und Kundenwünsche beinhalteten, wurden nicht beachtet. Der Kundenprozeß wurde erst realisiert, als zu wenig Fahrzeuge verkauft wurden – und damit kam der Schock des Erwachens. Sicher sind Mercedes-Manager nicht dumm, sie waren eben ›nur‹ starr. Sonst hätten sie alle zur Verfügung stehenden Informationen gewürdigt, und es wird wahrscheinlich niemand behaupten, die später als relevant erkannten Informationen wären nicht schon früher zugänglich gewesen. Aber was nützen die besten Informationen, wenn sie keine Beachtung finden?« (Michael Mary 1996)

6.2 Arten von Prozessen

Unter einem Prozeß verstehen wir den Weg von A nach B, also ein planmäßiges, flexibles und schrittweises Vorgehen auf ein Ziel hin, die nötigen Abläufe und Schritte, um den freien Fluß der Energie zu sichern. Da wirkliches Leben nicht in starren Formen verläuft, muß ein Prozeß immer wieder auf sein Ziel ausgerichtet und permanent gesteuert werden.

In Unternehmen und Organisationen lassen sich verschiedene grundlegende Prozesse unterscheiden:

1. Prozesse zur Entwicklung der Organisation
2. Prozesse zur Teambildung und -entwicklung

3. Problemlösungsprozesse
4. Entscheidungsfindungsprozesse
5. Veränderungsprozesse
6. Konfliktlösungsprozesse
7. Führungsprozesse

8. Zielfindungsprozesse
9. Prozesse zur kreativen Ideenfindung
10. Bewertungsprozesse
11. Evaluationsprozesse

Das Gelingen dieser Prozesse ist vom Gelingen der Kommunikation – also eines offenen Prozesses – abhängig.

6.3 Prozeßkompetenz

Unter Prozeßkompetenz verstehen wir hier die Kompetenz, Prozesse jeder Art zu gestalten (planen), zu steuern und zu reflektieren. Sie setzt sich aus verschiedenen Fähigkeiten und Fertigkeiten zusammen:

1. analytisch und vernetzt denken
2. in Prozessen statt in Strukturen denken
3. Wahrnehmung: Selbst- und Fremdwahrnehmung; soziale Wahrnehmung; Prozeßwahrnehmung
4. kommunikative und soziale Kompetenz
5. Methoden- und Moderationskompetenz
6. Nutzung der intuitiven Kräfte

7. Planung von Prozessen (Prozessen, nicht Inhalten oder Lösungen)
8. Steuerung von Prozessen (Interventionstechniken).

Wer Prozeßkompetenz besitzt, zeichnet sich durch die Fähigkeit aus, die drei grundlegenden Prozesse zur Bewältigung des permanenten Wandels – *Human-Prozeß*, *Strategie-Prozeß* und *Struktur-Prozeß* – zu gestalten und aufeinander abzustimmen.

WAHRE GEISTIGKEIT

Der Meister wurde gefragt: »Was ist Geistigkeit?«

Er sagte: »Geistigkeit ist das, was im Menschen eine innere Verwandlung bewirkt.«

»Aber wenn ich die von den Meistern überlieferten traditionellen Methoden anwende, ist das nicht Geistigkeit?«

»Wenn es für dich nichts bewirkt, ist es nicht Geistigkeit. Eine Decke ist keine Decke mehr, wenn sie dich nicht wärmt.«

»Also ändert sich Geistigkeit?«

»Die Menschen ändern sich und brauchen Veränderungen. Was also einst Geistigkeit war, ist heute keine mehr. Was im allgemeinen unter der Bezeichnung Geistigkeit läuft, ist nur noch die Erinnerung an vergangene Methoden.«

Schneide den Mantel so zu, daß er dem Menschen paßt. Schneide nicht den Menschen zu, daß er in den Mantel paßt. (ANTHONY DEMELLO 1985)

Eine Unternehmensführung, welche die Betroffenen wirklich zu Beteiligten macht, muß in der Lage sein, Prozesse so zu gestalten, daß Mitarbeitende durch echte Kommunikation in die Lage versetzt werden, ihren Beitrag zur Zielerreichung zu leisten. Führungskräfte sind in aller Regel dazu nur in der Lage, wenn sie über Prozeßkompetenz verfügen.

Wurde man früher in der Regel aufgrund fachlicher Kriterien (z. B. Ingenieurwissen) eingestellt oder befördert, entscheiden in Zukunft ganz andere Qualifikationen. Da das Wissen, wie komplexe Probleme gelöst werden, nicht mehr bei einer einzelnen Person, also dem Chef oder der Chefin, liegen, müssen Führungskräfte in der Lage sein, Arbeitsprozesse jeglicher Art so zu gestalten, daß das Potential jener, die über ein fundiertes (Spezial-)Wissen verfügen, voll zum Tragen kommt. Führen heißt unter diesem Blickwinkel, dafür zu sorgen, daß das Wissen und Können aller im Unternehmen optimal für das Erreichen der Unternehmensziele genutzt werden kann. Dafür brauchen Führungskräfte Prozeßkompetenz.

Prozeßorientierte Führung und Arbeit ist auch der einzige Weg, die Identifikation der Mitarbeitenden mit dem Unternehmen und seiner Aufgabe zu erreichen. Ihre Motivierung wäre einfacher, denn Motivation ergibt sich im Grunde von allein, wenn Menschen ihre Bedürfnisse nach Selbstbestätigung und Anerkennung befriedigen können. Dies ist immer dann möglich, wenn sie erfahren, daß sie etwas beizutragen haben und daß das, was sie beitragen, auch ernst genommen wird. Das führt zur notwendigen Identifikation. Wir müssen lernen, so zu führen, daß die Mitarbeiter ihre Motivation nicht verlieren. Und das heißt: dafür sorgen, daß sie in ihrer Arbeit Sinn und Bestätigung finden.

Dies zeigt sich auch in den Stufen der Motivation (Hinz 1994):

1. Identifikation mit der Aufgabe
2. Begeisterung für die Aufgabe
3. Interesse an der Aufgabe
4. Spaß an der Aufgabe
5. Aufgabe als Mittel zur Befriedigung der egozentrischen Antriebskräfte

6. Aufgabe als Mittel, Geld zum Leben zu verdienen
7. Gleichgültigkeit
8. Angst vor Sanktionen
9. Zwang
10. Desinteresse an der Aufgabe
11. Ablehnung der Aufgabe

Zentraler Motivator ist die Identifikation mit der Aufgabe. Jeder Mitarbeitende, der sich nicht voll mit seiner Aufgabe identifiziert, ist ungenutztes Potential.
Identifikation ist also die höchste Form der Motivation. Sie setzt zum einen die Sinnhaftigkeit des eigenen Handelns voraus, zum andern die Einsicht in die Wichtigkeit der Aufgabe. Beides erfordert von Führungskraft und Mitarbeitenden einen Prozeß der offenen Kommunikation über die Aufgabe und gegenseitiges Vertrauen. Beides sind Elemente, welche eine glaubwürdige Kooperation kennzeichnen. Überall dort, wo Menschen wirkliche Kooperation erleben, finden sie durch die Möglichkeit der Selbstentfaltung Sinn. Und dies entscheidet letztlich darüber, in welchem Maße sie sich für Aufgabe und Unternehmen einsetzen!

Die Fähigkeit von Führungskräften, mit Menschen umzugehen und wirksam zu arbeiten, wird in nächster Zeit zum entscheidenden Wettbewerbsvorteil. Unternehmen müssen lernen, ihren Wandel und ihre Anpassung an veränderte Umwelten von innen her zu gestalten. Das bedeutet, daß sich auch die Rolle von Beratern verändern muß. Klassische Berater bringen Lösungen von außen. Diese haben aber nur einen begrenzten Wert, weil jedes Unternehmen anders funktioniert. Beraten heißt darum, das Management zu befähigen, das »unbewußte« Wissen der Unternehmung zu aktivieren.
Berater der Zukunft helfen ihren Kunden vor allem darin, sich selbst zu verändern und prozeßkompetent zu werden. Prozeßkompetente Führungskräfte sind dann auch bereit,

nicht nur das Unternehmen zu verändern, sondern vor allem ihr eigenes Denken, nicht nur ihre Mitarbeiter, sondern auch die eigene Einstellung zu ihnen. Um bessere Ergebnisse zu erzielen, werden sie auch darauf verzichten, ihr gewohntes Führungsverhalten beizubehalten. Mit dieser Einstellung wird es gelingen, das bei den Mitarbeitenden vorhandene Wissen und Können zu aktivieren und für den Unternehmenserfolg zu nutzen.

6.4 Vorhaben ganzheitlich, vernetzt und dynamisch betrachten und angehen

Das Enneagramm als kosmisches Symbol kann also als Instrument zu Diagnose, Gestaltung und Steuerung von ökonomischen und gesellschaftlichen sowie von Arbeitsprozessen in Teams und Gruppen eingesetzt werden. Bereits der Gurdjieff-Schüler John Godolphin Bennett hat das Enneagramm-Prozeßmodell für ein Manager-Trainingsprogramm verwendet.
Durch das Dreieck im Enneagramm wird jeder Prozeß in drei unterschiedliche Aspekte aufgeteilt und gegliedert.

»Damit ein Prozeß am Laufen gehalten wird, sind Impulse oder Schocks von außen notwendig. Im Enneagramm verlangt jeder Prozeß, der zu seinem Ende geführt werden soll, unbedingt Außenimpulse, die weder zu stark noch zu schwach wirken dürfen und genau zum rechten Zeitpunkt eintreten müssen. Treten diese wohldosierten Schocks auf, wenn sich der Prozeß am Enneagrammpunkt 3 oder 6 befindet, dann halten sie nicht nur die Dynamik des Prozesses aufrecht, sondern sie organisieren zugleich den Prozeß auf dessen erwünschtes Ziel hin. Die Schockpunkte verdeutlichen, daß kein Vorgang in der Welt ohne Unterbrechung abläuft, wie auch keine Kraft permanent in die gleiche Richtung wirkt. Ohne die Schockpunkte käme jedes Ereignis entweder früher oder später ganz zum Stillstand, oder es verliefe in unvoraussagbare Richtungen.« (Vollmar 1993)

Die Theorie der Außenimpulse wird heute auch durch die moderne Chaos-Theorie bestätigt. Ihr zufolge gibt es genau definierte Grenzpunkte, an denen ein stabiler, geordneter Prozeß kippen kann. Diese Grenzpunkte sind die Entsprechungen der Schockpunkte im Enneagramm. So hat der Mathematiker Kurt Gödel aufgezeigt, daß es keine Systeme gibt, die völlig abgeschlossen und in sich selbst konsistent sind.

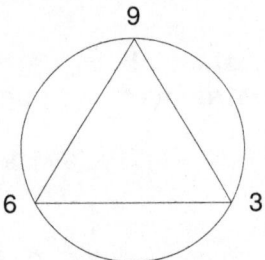

Abbildung 7: Schockpunkte im Enneagramm

Nach Anthony Blake

»stellt das Dreieck die Kommandostruktur oder Metakontrolle eines Prozesses dar. Hier werden die Befehle gegeben, wie der Prozeß ablaufen soll. Am Schockpunkt finden plötzliche und teilweise sprunghafte Veränderungen statt, sie werden als kritischer Übergang zu einer neuen Stufe des Prozesses angesehen. An den drei Schockpunkten scheint der Prozeß wieder von vorne anzufangen, nur von einem anderen Punkt aus. Der Prozeß setzt sich hier auf einer höheren Stufe fort.« (Vollmar 1994)

Der erste Schock – der mechanische – befindet sich am Punkt 3 des Enneagramms:

»Er betrifft einen Außenimpuls, der dem bis jetzt abgelaufenen Prozeß eine neue Richtung oder einen neuen Bewegungsanstoß gibt. Eine neue Qualität kommt ins Spiel, die den Prozeß auf sein Ziel hin ausrichtet.« (Vollmar 1993)

Der zweite Schock – der bewußte – findet sich am Enneagrammpunkt 6:

»Er wandelt das vorliegende Material um und organisiert es auf das erwünschte Ziel hin.« (Vollmar, ebd.)

Der dritte Schock – am Ende des Prozesses – ist Enneagrammpunkt 9:

»Das Ziel und der Zweck der ›Arbeit‹ sind erreicht, und das System ist bereit, in einen neuen Prozeß einzutreten.« (Vollmar, ebd.)

Die optimale Nutzung der Außenimpulse oder Schockpunkte für die Prozeßgestaltung und -steuerung erfolgt dadurch, daß man den Linien des Hexagramms folgt. Der Linienzug verläuft dabei, wie wir schon gesehen haben, in der Abfolge der Punkte so: 1 – 4 – 2 – 8 – 5 – 7.

DIE PROZESSSCHRITTE IM ENNEAGRAMM
(nach Vollmar)

I. Terzial: Die materiellen Voraussetzungen eines Prozesses
Die äußerlichen Voraussetzungen werden erkannt, die materiellen Grundlagen betrachtet.

Enneagrammpunkt 1: die materiellen Voraussetzungen	Erkennen des Äußerlichen
2: Analyse der materiellen Voraussetzungen	Lust an der Handlung
3 (mechanischer Schockpunkt): ein neuer Außenimpuls hält den Prozeß in Gang	neue Qualität: die Psyche

II. Terzial: Das im Prozeß notwendige Material
Die notwendigen Veränderungen, um den Prozeß zielgerichtet in Gang zu halten.

4: das Bemühen um Fortschritt — mühevolle Überwindung der Widerstände

5: die Ausrichtung der Anstrengung — Zweifel an der Erreichbarkeit des Ziels, Leiden

6 (bewußter Schockpunkt): neuer Außenimpuls richtet den Prozeß aufs Ziel hin aus — neue Qualität: der Geist

III. Terzial: Das Ziel und der Zweck der »Arbeit«
Der Prozeß wird erfolgreich zu Ende geführt.

7: erste Annäherung ans Ziel — Darstellung nach Außen

8: das Ziel ist endgültig erreicht — Vernunft und Intelligenz

9 (dritter Schockpunkt): der Beginn eines neuen Prozesses — neue Qualität: das höhere Selbst

»Auf äußere Prozesse bezogen, analysiert der Betrachter zunächst seine materiellen Voraussetzungen (Enneagrammpunkte 1 und 2), die er mit dem Produkt oder dem umzuwandelnden Material (Enneagrammpunkt 4) in Beziehung setzt. Ist er hierbei zu einem Ergebnis gekommen, wird er klar sein Ziel vor Augen haben (Enneagrammpunkt 8) und entsprechend auf sein Material (Produkt oder Dienstleistung) einwirken, um es umzuwandeln (Enneagrammpunkt 5). Hierbei muß immer der Aspekt der Präsentation (oder der Vermarktung bzw. der Konsumtion) mitbedacht werden, was am Enneagrammpunkt 7 geschieht.« (Vollmar 1993)

Einzelne Autoren weisen darauf hin, daß nicht jedes Enneagramm ein Dreieck beinhalten muß. Für unbeseelte Vorgänge und Prozesse genügt offenbar das Sechseck. Hier ergibt sich eine Verbindung zu den Alchimisten des 17. Jahrhunderts. Sie postulierten sechs kosmische Prozesse, aus denen sich die sechs alchimistischen Operationen ableiten[16]. Doch für beseelte Vorgänge – wie Veränderungs- oder Problemlösungsprozesse – ist das Dreieck notwendig. Gurdjieff spricht in diesem Zusammenhang von der »Seele eines Prozesses«. Für ihn symbolisiert das Dreieck die Essenz eines Vorgangs.

Folgt man der Idee des Enneagramms, so gehören zu jedem Prozeß – und jedem Teilprozeß – neun Punkte, deren Beachtung für die Diagnose, Gestaltung und Steuerung von Veränderungen und Entwicklungen beachtet werden müssen:

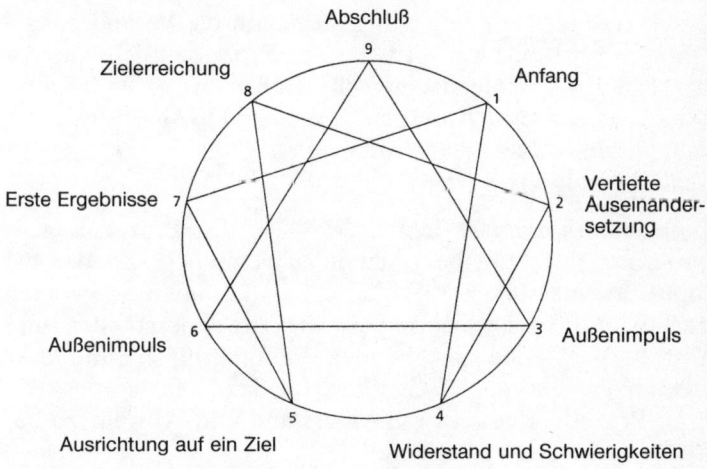

Abbildung 8: Prozeßschritte im Enneagramm

Enneagrammpunkt 1: der Anfang eines Prozesses. Es besteht ein Unbehagen, ein Leidensdruck, oder ein Bedürfnis wird immer stärker spürbar. Den Beteiligten wird immer deutlicher, daß eine Situation, ein Arbeitsablauf oder ein Produkt nicht mehr genügen. Hier tritt der Wunsch nach Veränderung auf.

Enneagrammpunkt 2: Ist das Bedürfnis nach Veränderung stark genug, findet eine erste vertiefte Auseinandersetzung mit der Problematik der anstehenden Aufgabe statt. Die Erarbeitung des Problemverständnisses steht hier im Vordergrund. Wesentlich für das Gelingen dieses Prozeßschrittes ist die Unterscheidung von Symptomen und Problem(en). Bei Problemlösungsprozessen geht es hier darum, eine präzise Diagnose des Problems zu erarbeiten. Die an diesem Problempunkt einsetzende neue Sichtweise vermag auch den Veränderungswunsch zu verstärken.

Enneagrammpunkt 3: Dies ist der Punkt des ersten Außenimpulses oder Schockpunktes. Er beschleunigt den Prozeß. Durch eine Idee, einen Lösungsansatz für die Veränderungsstrategie wird eine neue Ebene des Prozesses sichtbar. An diesem Punkt erfolgen einerseits Entspannung und Entlastung, andererseits Aufbruchstimmung. Die Energie eines Individuums, eines Teams oder einer Organisation kommt verstärkt in Fluß.

Enneagrammpunkt 4: In dieser Phase des Prozesses geht es darum, die Aufgabe genauer zu verstehen. Zu der bei Punkt 3 entstandenen Begeisterung kommen jetzt auch Ängste und Verunsicherungen, die zu Widerständen und Abwehr gegen die anstehenden Veränderungen und Entwicklungen führen. Entscheidend für das Gelingen des weiteren Prozeßverlaufs ist es, Widerstand und Abwehr zu bearbeiten und ernst zu nehmen.

Enneagrammpunkt 5: Nach der Bewältigung des vorausgegangenen Schrittes stehen neue Energien zur Verfügung, um die Veränderung zu planen. Der Kernpunkt dieses Prozeßschrittes ist die konsequente Ausrichtung aller Kräfte auf das angestrebte Ziel hin.

Enneagrammpunkt 6: Hier handelt es sich um den zweiten Außenimpuls oder Schockpunkt, der nötig ist, um das Ziel zu erreichen. Jetzt bedarf es einer anderen, neuen Art des Bewußtseins, um eine neue Ebene des Prozesses zu erkennen. Durch die intensivierte Beschäftigung mit der Problematik am fünften Enneagrammpunkt, ist das Bewußtsein so geschärft, daß Ideen und Hilfen von außen erkannt, akzeptiert, aufgenommen und für den weiteren Prozeßverlauf fruchtbar gemacht werden.

Enneagrammpunkt 7: Nun werden erste Ergebnisse sichtbar; die unterste Stufe des Zieles ist erreicht. Gleichzeitig geht es darum, die Ergebnisse zu konsolidieren und zu sichern.

Enneagrammpunkt 8: die höchste Stufe des Zieles. Die gewünschte Veränderung ist implementiert. Dies ist der Punkt, an dem die beim zweiten Enneagrammpunkt diagnostizierten Probleme gelöst sind und die neuen Strukturen sowie die neu eingeübten Verhaltensweisen und Formen der Kommunikation und Kooperation ihre Wirkung voll entfalten.

Enneagrammpunkt 9: Dieser Punkt symbolisiert den Abschluß der geplanten Aufgabe und stellt gleichzeitig den Übergang zu einem neuen Prozeß dar. Er ist letztendlich nur als kurze Übergangssituation zu verstehen und wird deshalb sowohl als Punkt 9 als auch als Punkt 0 bezeichnet.

Die Leistung des Enneagramms als Prozeßmodell beruht darauf, daß es der Unternehmensführung und den anderen Prozeßverantwortlichen ein Instrument an die Hand gibt, mit dem diese die einzelnen Prozeßschritte sorgfältig planen und dafür sorgen können, daß keine Phasen ausgelassen werden. Außerdem läßt sich damit in schwierigen Situationen eine Lagebeurteilung besser durchführen und gegebenenfalls auf ungenügend bearbeitete Schritte zurückkommen und entsprechende Interventionen planen.

Für die Gestaltung von Veränderungs-, Problemlösungs- und Entwicklungsprozessen sieht die Anwendung des Enneagramms wie folgt aus:

Punkt 1: Probleme (Symptome) entdecken, beschreiben und identifizieren.

Punkt 2: Zusammenhänge und Spannungsfelder der Problemsituation verstehen. Diagnose erarbeiten und formulieren.

Punkt 3: Gestaltungs- und Lenkungsmöglichkeiten erarbeiten. Kreative Prozesse gestalten und Ideen und Lösungsansätze von außen einbeziehen. Von den »Besten« lernen.

Punkt 4: mögliche Problemlösungen beurteilen. Konsequenzen im Sinne von Chancen und Nachteilen definieren. Veränderungswiderstände thematisieren und bearbeiten.

Punkt 5: Ausrichtung der ganzen Unternehmung auf das Veränderungsvorhaben durch entsprechende Information des Gesamtsystems. Notwendige Einstellungsveränderungen planen, einleiten. Konsequente Ausrichtung der Energie auf das Veränderungsziel hin. Identifikation der Mitarbeiter/innen ermöglichen durch Kommunikation des Nutzens für das Unternehmen und den einzelnen.

Punkt 6: Problemlösung umsetzen. Sorgfältige Umsetzungsplanung auf allen Stufen unter Einbezug externer Impulse wie Berater oder/und Lernen von Umsetzungsprozessen anderer, erfolgreicher Organisationen.

Punkt 7: Einüben des neuen Verhaltens. Kritische Momente beachten und unter Kontrolle halten. Konsequentes »leben« der neuen Kultur.

Punkt 8: Zielerreichung überprüfen.

Punkt 9: Prozeß abschließen. Gesamtprozeß evaluieren. Auswertung als Lernchancen nutzen. Eventuell neuen Prozeß auf der nächsthöheren Stufe einleiten.

Die Prozeßschritte im Überblick:

Punkt 1 → Hauptblickrichtung →	Punkt 7
Ist-Zustand	Soll-Zustand
Leidensdruck/Problem	Beschreibung der neuen Situation
Auftrag	Einübung des Neuen
	Anwenden
	Zielcontrolling

Punkt 2 → **Hauptblickrichtung** → **Punkt 8**

Diagnose	Ausarbeitung der Ziele
Problemdefinition	Zielformulierung
vertiefte Problemsicht	Zielüberprüfung
Auftragsanalyse	Effektkontrolle

Punkt 3

Lösungsidee
Kreativprozeß
Expertenimpulse
Informationssammlung
Modellbildung
Alternativen

Punkt 4 → **Hauptblickrichtung** → **Punkt 1 + 2**

Prognose

Was wird anders im Hinblick auf
Situation und Diagnose?

Extrapolation
Was soll beibehalten werden?
Chancen und Hindernisse
Einwände
Widerstände
Befürchtungen
Entscheidung
Willensbildung

Punkt 5 → **Hauptblickrichtung** → **Punkt 7 + 8**

Planung von Aktionen	Wie könnte es gehen?
Alternativen entwickeln	Bezug zur konkreten Umsetzung und Zielsetzung

Punkt 6

Kick-off
Ausrichtung der Energie auf das Neue

Punkt 7 → **Hauptblickrichtung** → **Punkt 1 + 5**

Durchführung	Altes Verhalten – neues Verhalten
Umsetzung	Plan im Auge behalten – steuern
Produktion	
Einüben	

Punkt 8 → **Hauptblickrichtung** →	**Punkt 2 + 5**
Zielkontrolle	bezogen auf Diagnose
Effektkontrolle	bezogen auf Planung
Punkt 9	
Revision der Handlungsstrategie	Beginn des neuen Prozesses

6.5 Anwendung in der Praxis

Im folgenden wird summarisch ein Prozeßablauf anhand der Enneagrammpunkte dargestellt. Er orientiert sich an den Schritten, die bei verschiedenen ähnlichen Entwicklungs- und Veränderungsprozessen mit Hilfe des Enneagramms durchgeführt wurden.

1 – Ausgangslage:

Ein Dienstleistungsunternehmen stellt aufgrund einer Marktanalyse fest, daß bis jetzt ein zentraler Marktvorteil die Nähe zum Kunden war. Es entsteht nun das Bedürfnis, nach Wegen und Möglichkeiten zu suchen, diesen Marktvorteil zu erhalten und auszubauen. Das Bedürfnis nach Veränderung ergibt sich unter anderem vor allem aus folgenden Punkten:

- In der Branche findet ein immer stärkerer Verdrängungswettbewerb statt.
- Der Innovationsdruck steigt, d. h. die Branche hat es mit verkürzten Produktelebenszyklen bei verlängerten Entwicklungszyklen neuer Produkte zu tun.
- Man erkennt, daß die bestehende Stärke erhalten und ausgebaut werden muß (Enneagrammpunkt 7). Das Bild der Zukunft zeigt eine Organisation, die strategisch, mental und strukturell ganz auf den Kunden ausgerichtet ist. Die Arbeitsabläufe sind effizient gestaltet, um die Kosten so gering zu halten, daß für den Kunden und das Unternehmen ein Gewinn entsteht. Das kundenorientierte Denken und Handeln ist im ganzen Unternehmen verankert. Alle

Aktivitäten und Maßnahmen werden unter dem Fokus Kundenorientierung beurteilt und gestaltet.

2 – Vertiefte Auseinandersetzung und Zielsetzung:

Die Analyse führt zu dem Ergebnis, daß die persönliche Beziehung und Betreuung des Kunden im Vordergrund stehen muß. Als Hauptziel resultiert daraus, daß jeder Kunde seinen persönlichen Betreuer bekommt, an den er sich in allen Fragen wenden kann.

3 – Ideen zur Zielerreichung:

In dieser Phase werden mögliche Ideen und Wege in einem kreativen Prozeß erarbeitet und umgesetzt. Das Resultat dieses Schrittes ergibt drei aufeinander abzustimmende Teilprojekte:

1. Entwicklung einer Marketingstrategie, welche sich konsequent an den Bedürfnissen des Kunden ausrichtet und die persönliche Beziehung Kunde – Betreuer fokussiert.
2. Ausrichtung der Organisation auf eine fachlich kompetente Kundenbetreuung, sprich Teamstruktur und Teamkultur, sowie flache Hierarchie.
3. Sicherstellung der Umsetzungsbegleitung und konsequenten Implementierung der neuen Kultur.

4 – Bewertung und Hindernisanalyse:

Dieser Schritt beinhaltet die Beurteilung der Erfolgschancen und die Auseinandersetzung mit möglichen Hindernissen sowie Ideen zu deren Bewältigung. An seinem Ende steht die Entscheidung, ob die zur Diskussion stehenden Strategien realisiert werden sollen.

5 – Umsetzungsplanung:

Die drei gewählten Strategien werden in verschiedenen Teilprojektgruppen geplant. Dafür wird jeweils wieder der Enneagrammprozeß durchlaufen. Treten dabei größere Schwierigkeiten auf, muß man eventuell nochmals zu Enneagrammpunkt 3 und 4 zurückkehren. Vielleicht muß auch noch einmal überprüft werden, ob der Wille zur Neuausrichtung stark genug ausgeprägt ist. In jedem Fall hat eine Koordination und Abstimmung zwischen den einzelnen Teilprojekten zu erfolgen.

6 – Information des Gesamtsystems und Start der einzelnen Teilprojekte:

Nun geht es darum, bei allen Betroffenen durch sorgfältige Information über die einzelnen Teilprojekte und Maßnahmen das nötige Vertrauen aufzubauen, die Vision zu kommunizieren und Begeisterung zu erwecken.

7 – Umsetzung der Teilprojekte, Einüben des Neuen und konsequente Begleitung:

Schrittweise wird die Unternehmung auf die neue Strategie, Struktur und Kultur ausgerichtet. Widerstände und Schwierigkeiten werden laufend aufgearbeitet, notwendige Korrekturen gemacht und Unsicherheiten durch die Führung bearbeitet.

8 – Erfolgskontrolle:

Durch Kunden- und Mitarbeiterbefragungen sowie die erzielten finanziellen Ergebnisse wird das Resultat des gesamten Prozesses beurteilt.

9 – Abschluß und Neubeginn:

Der Prozeß wird abgeschlossen und mittels Erfolgskontrolle die Weiterentwicklung auf einer anderen Ebene gestartet.

Diese summarische Darstellung eines Entwicklungs- und Veränderungsprozesses macht deutlich, daß zwischen einem Gesamt- oder Hauptprozeß unterschieden werden muß und daß es im Sinne von Teilprojekten auch Teilprozesse gibt, für die wieder ein ganzer Enneagrammprozeß zu durchlaufen ist.

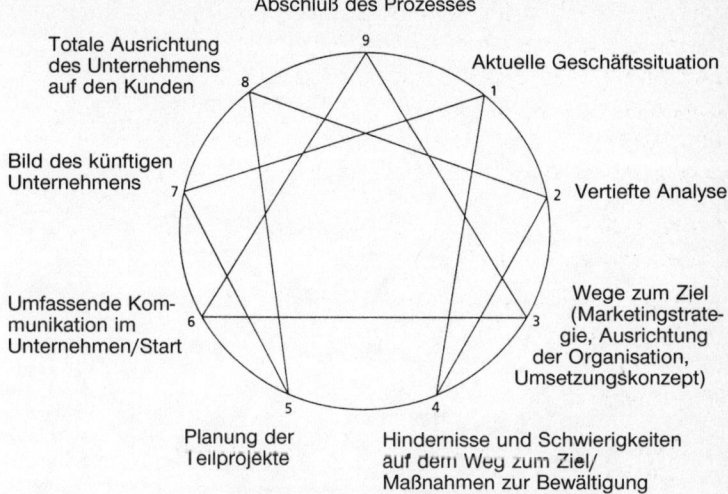

Abbildung 9: Ein Prozeßablauf anhand der Enneagrammpunkte

Das Enneagramm als Prozeßmodell schafft damit eine gemeinsame Sprache und ermöglicht es so, den ganzen Prozeß transparent und kommunizierbar zu machen. Damit erreicht man Sicherheit und erhöht Akzeptanz und Beteiligung.

Die Planung eines Prozesses stellt einen entscheidenden Aspekt auf dem Weg zu einem effizienten und erfolgreichen Prozeß dar. Im folgenden werden die Planungsschritte mit ihren zentralen Fragestellungen vorgestellt:

Erster Schritt:

Punkt 1: Was ist mein aktuelles Hauptproblem? Wo habe ich Handlungsbedarf? Wie zeigt sich die Situation konkret? (Beschreibung der Phänomene)

Punkt 7: Wie würde die Situation aussehen, wenn das Problem gelöst wäre? Was ist meine Vision von der neuen Situation?

83

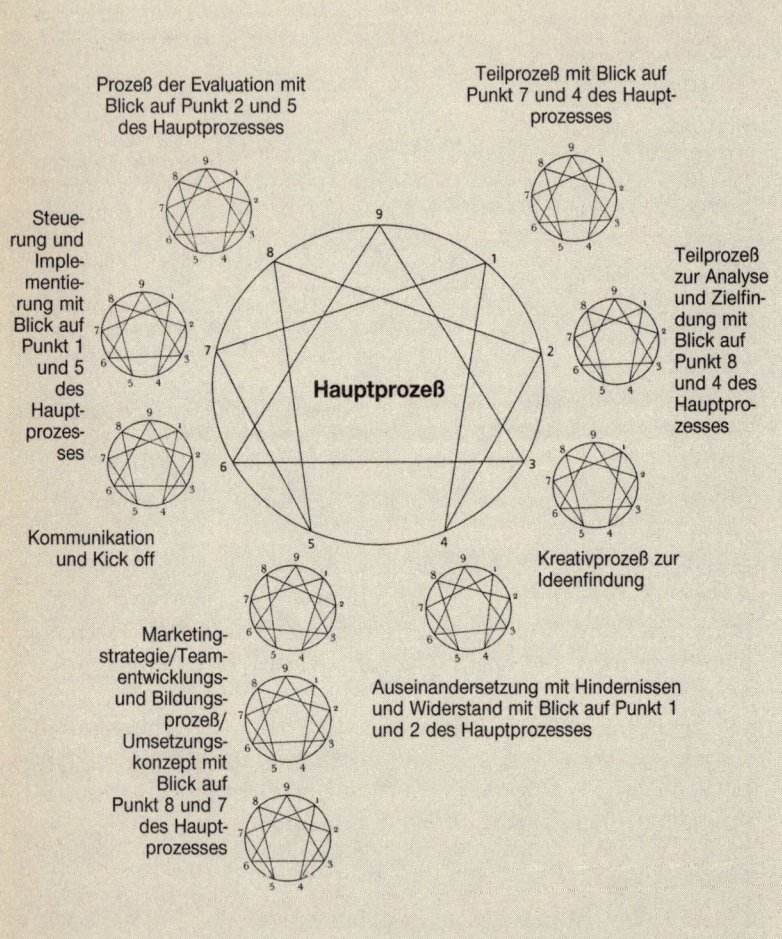

Prozeß der Evaluation mit Blick auf Punkt 2 und 5 des Hauptprozesses

Teilprozeß mit Blick auf Punkt 7 und 4 des Hauptprozesses

Steuerung und Implementierung mit Blick auf Punkt 1 und 5 des Hauptprozesses

Teilprozeß zur Analyse und Zielfindung mit Blick auf Punkt 8 und 4 des Hauptprozesses

Hauptprozeß

Kommunikation und Kick off

Kreativprozeß zur Ideenfindung

Marketingstrategie/Teamentwicklungs- und Bildungsprozeß/ Umsetzungskonzept mit Blick auf Punkt 8 und 7 des Hauptprozesses

Auseinandersetzung mit Hindernissen und Widerstand mit Blick auf Punkt 1 und 2 des Hauptprozesses

Abbildung 10: Der Hauptprozeß

Punkt 4: Welche Faktoren, Personen, Einflüsse tragen dazu bei, daß es so ist, wie es ist? Was geschieht, wenn nichts geschieht?

Zweiter Schritt:

Punkt 2: Was sind mögliche Ursachen, für die aktuelle Situation? Was sind die Kernprobleme? Wie lautet die Diagnose (formuliert in wenigen Sätzen)?

Punkt 8: Was genau soll anders werden, sich verändern? Woran konkret läßt sich die Veränderung erkennen? Welche Ziele sollen erreicht werden (konkret, realistisch, meßbar)?

Punkt 4: Wie müßten wir uns verhalten, um die Zielerreichung zu verhindern oder zu erschweren? Wer könnte sich gegen die Ziele stellen? Welche Interessen werden von den Veränderungszielen tangiert (im Team, außerhalb des Teams)? Mit welchen Schwierigkeiten ist sonst noch zu rechnen?

Dritter Schritt:

Punkt 3: Entwickeln Sie Ideen zur Zielerreichung (Umsetzungsstrategie): Welche Ideen sind es wert, weiterverfolgt zu werden? Erarbeiten Sie zwei bis drei Lösungsvarianten und bewerten Sie diese.

Punkt 4: Entscheidung aufgrund der Varianten. (Die Entscheidung kann im Team selbst oder von einer anderen Stelle getroffen werden.) Hier sind auch die Bedenken und Einwände bezüglich des Lösungsweges (nicht mehr der Ziele!) zu bearbeiten. Ausrichtung der Energie auf das Vorhaben zum Beispiel mittels der Kraftfeldanalyse.

Vierter Schritt:

Punkt 5: Sorgfältige Planung des Vorhabens. Punkte 6, 7, 8 und 9 erhalten ihre weitere Bedeutung während der Umsetzung.

Eine sorgfältige Beachtung der verschiedenen Haupt- und Teilprozesse im Umgang mit dem Wandel und mit Veränderungsprozessen hat zur Folge, daß mit weniger Verlusten an Motivation und Energie gerechnet werden muß.

Optimale Prozeßplanung und -steuerung stellen sicher, daß die Menschen im Unternehmen lernen, sich konstruktiv mit den nötigen Veränderungen im Unternehmen auseinanderzusetzen und die damit verbundenen Unsicherheiten zu bewältigen.

»Menschen widersetzen sich nicht von vornherein einer Veränderung. Sie widersetzen sich der Unsicherheit, die die Veränderung begleitet. Sie sperren sich besonders gegen die Unsicherheit, die ihre Beziehungen mit den Mitarbeitern betrifft.« (Richardson 1992)

Optimale Kooperation zwischen Menschen basiert auf transparenten und eindeutig gestalteten Prozessen, die von allen Beteiligten verstanden, akzeptiert und beeinflußt werden können. Führungskräfte haben in der Gestaltung des Wandels eine zentrale Funktion als Prozeßgestalter. Die Mißachtung der Prozeßprinzipien erzeugt unnötigen Widerstand, weil vergessen wird, daß eine nachhaltige Neuausrichtung nur unter Einbezug der betroffenen Menschen möglich ist. Die Einhaltung des Grundsatzes »Betroffene zu Beteiligten machen« zahlt sich letztendlich für alle aus. Dies bedingt aber auch, daß Chefs bereit sind, auf beliebte, aber grundlegend falsche Verhaltensweisen in bezug auf Führung und Zusammenarbeit zu verzichten.

HÄUFIGE IRRTÜMER BEZÜGLICH FÜHRUNG UND ZUSAMMENARBEIT

1. Entscheidungen werden rein rational getroffen.

2. Verhaltensänderungen bei Mitarbeitern werden allein durch den Erwerb von Wissen und durch umfassende Information erreicht.

3. Kooperation und Teamarbeit ist in erster Linie eine Frage der Fachkompetenz und der »Chemie« zwischen den Menschen.

Wenn Teilprozesse wirklich partizipativ gestaltet werden sollen, setzt dies ein hohes Maß an Methodenkompetenz voraus. Eine Organisation, die stetig über Prozesse geführt wird, verfügt über Führungskräfte, die in der Lage sind, Hauptprozesse präzise zu entwickeln und zu steuern, und über Mitarbeitende, die fähig sind, die nötigen Teilprozesse professionell und konsequent umzusetzen.

Konferenzen, Arbeitsgruppen und Besprechungen brauchen in einer solchen Kultur allerdings auch eine andere Arbeitsweise. Werden Meetings weiterhin vom Hellraumprojektor und der klassischen Diskussion im Konferenzarrangement beherrscht, kann das Potential der Teilnehmenden zu wenig genutzt werden, und die vorhandene Kreativität wird sich dabei kaum entfalten. Als echte Alternative bietet sich für die Gestaltung der einzelnen Arbeitsschritte bei den jeweiligen Teilprozessen die Metaplantechnik an.

Die Metaplantechnik

Diese Methode zielt darauf ab,

»die unterschiedlichen Sichten und Werte einer Gruppe mit Hilfe von spezifischen Fragetechniken und in einem strukturierten Rahmen auf vorbereiteten Plakaten zu visualisieren. Der Prozeß wird dabei über die Moderation eines themenneutralen Moderators geführt. Dieses gesamte Arrangement verhindert die direkte Konfrontation und das unmittelbare Ansprechen von Problemen und Konflikten, das in einer unerfahrenen, ungeübten Streitkultur eher zur Frontenverhärtung führen würde. Statt dessen können sich die unterschiedlichen Sichten über die Gesprächstechnik gleichsam zeitverzögert zeigen, mit angemessener Distanz betrachtet und erörtert werden, man kann Prioritäten sichtbar machen, schließlich die Einigungsfähigkeit ausloten und gemeinsame Schritte als Ergebnis festlegen. Für eine konfliktunerfahrene Kultur war und ist diese gelenkte, aber gleichwohl an ihrer Gruppendynamik oder besser: institutionellen Konfliktreife orientierte Methode die entscheidende Lernerfahrung, um schließlich auch ohne solche Krücken auszukommen. Die Methode schafft zunächst Distanz, aber nur, um so wieder

Nähe zu ermöglichen, man schaut fort, um dann besser hinsehen zu können, sie geht stolpernde Umwege, um schneller an das Ziel zu kommen.« (Freimuth/Straub 1996)

Die Metaplantechnik basiert darauf, daß der ganze Prozeß auf Pinnwänden permanent visualisiert wird. Die Diskussion erfolgt schriftlich und ermöglicht so eine breite Beteiligung. Differenzierte Methoden und Spielregeln stellen sicher, daß Gruppen schrittweise lernen, mit Komplexität umzugehen und konkrete Ergebnisse zu erzielen. Die Metaplantechnik ist ein glaubwürdiges und wirksames Mittel zur Umsetzung einer Prozeßkultur.

7 Kommunikation und Kooperation als Erfolgsfaktoren: Die Typologie des Enneagramms

Wir können heute davon ausgehen, daß in einer komplexen Welt, in der wir es auf allen Ebenen mit einem Kommunikationsverlust zu tun haben, die Fähigkeit zu Kommunikation und Kooperation zu einer Überlebensstrategie wird. Menschen haben verschiedene Kommunikationsstile. Störungen in der zwischenmenschlichen Kommunikation sind Ausdruck einer Strategie, mit der das Individuum versucht, ein Selbstbild, das nicht mit der Realität übereinstimmt, aufrechtzuerhalten. Der Versuch, dieses Selbstbild zu bewahren, dient der ICH-Sicherung. Er steuert die gesamte Lebensenergie.

Kooperation zwischen Menschen entsteht dann, wenn sie sich auf eine gemeinsame Aufgabe und einen gemeinsamen Arbeitsansatz verpflichtet haben und bereit sind, sich gegenseitig in die Verantwortung zu nehmen. Das ist aber nur dann möglich, wenn die Irrtümer des Selbstbildes sowie die daraus resultierenden Ziele und Verhaltensweisen erkannt werden. Kooperation setzt Echtheit – Authentizität – voraus. Diese Echtheit ist das Ergebnis eines Bewußtwerdungsprozesses, bei dem wir Einsicht in unsere (unbewußten) Konzepte erlangen und die damit zusammenhängenden Fixierungen erkennen und korrigieren können.

»Um diesen charakteristischen Fixierungen bei sich selbst auf die Spur zu kommen, muß man die eigenen verborgenen, aber äußerst hartnäckigen Verteidigungsstrategien entdecken. Sie wurden im Laufe des Lebens entwickelt, um durch sie Sicherheit und Sinnerfüllung zu erreichen. Normalerweise ist man sich dieser Verteidigungsmechanismen nicht bewußt. Daher konnten sie auch nie als das eigentliche ›Problem‹ erkannt werden, sondern die Schuldigen waren immer die anderen. Dieses eigentliche, allen anderen zugrundeliegende Problem gilt es anzugehen, wenn es um das persönliche innere Wachstum und die Erfüllung menschlichen Lebens geht.« (Beesing/Nogosek/O'Leary 1992)

Verhaltens- und Kommunikationsstile sind also von unseren unbewußten Sicherungsstrategien bestimmt. Das Enneagramm in seiner Anwendung als Persönlichkeitstypologie ermöglicht es, dieses Problem anzugehen. Es öffnet den Weg zu einer sachbezogenen, problemlösungsorientierten Zusammenarbeit. Erst die Auflösung unserer Fixierungen ermöglicht es uns, mit anderen Menschen zu kooperieren.

Diese Fixierungen lassen bestimmte Themen wie beispielsweise Perfektion, Anerkennung, Kontrolle oder Macht zu Lebensthemen werden. Welche Themen das sind, hängt wesentlich von der individuellen Geschichte des einzelnen ab. In den ersten sechs Lebensjahren entwickelt der Mensch aufgrund seiner ersten Erfahrungen mit den anderen Menschen, der Welt sowie dem Leben und seiner persönlichen Stellungnahme dazu seine weitgehend unbewußten Lebenskonzepte. Diese Konzepte bestimmen auch seine Aufmerksamkeitsschwerpunkte.

»In den ersten Lebensjahren entwickelt das Kind mit seinem Lebensstil und der ihm entsprechenden individuellen ›Ausschaltungstendenz‹ subjektiv störender Eindrücke sein eigenes, ihm entsprechendes Wahrnehmungsschema. Was bewußt wahrgenommen wird und was zur Sicherung des Selbstbewußtseins und Selbstgefühls bzw. zur Sicherung der Einheit der Persönlichkeit, des Identitätsgefühls von der bewußten Wahrnehmung abgespalten, ›ausgeschaltet‹ wird, steht in engem Zusammenhang mit der subjektiven Einschätzung der Wirklichkeit. Sie ist anfänglich einerseits aufgrund der kindlichen Unerfahrenheit unverstanden-willkürlich, andererseits wie die Entwicklung des verstehenden Bewußtseins abhängig von der mehr oder weniger ermutigenden Wertigkeit von Anlage und Umwelterlebnissen. Nach vier bis fünf Jahren erfolgt die Wahrnehmung bzw. Ausschaltung und Wertung von Erlebnissen allmählich weniger zufällig-willkürlich, sondern unwillkürlich nach einem inzwischen unbewußt trainierten Wahrnehmungsschema. Dem inzwischen entstandenen Lebensstil und seiner Aktivität äquivalent setzt sich ein ganz bestimmtes Apperzeptionsschema durch; ihm entspricht die Meinung des Kindes bzw. des späteren Erwachsenen von sich und den anderen bzw. der Welt. Das Apperzeptionsschema bestimmt die bewußte und unbewußte Erfahrung der Wirklichkeit aufgrund unverstandener Wahrnehmung der Wirklichkeit. Es bestimmt damit auch die Beziehung zur Wirklichkeit, das private Bezugssystem des Menschen und hängt prinzipiell auch mit seiner Privatlogik, seinem mehr oder weniger mangelhaften Verständnis für die Logik des Zusammenlebens zusammen.« (Hellgardt, in Schmidt [Hrsg.] 1989)

Geht ein Kind beispielsweise von der unbewußten Annahme aus, daß es nur Anerkennung und Wertschätzung aufgrund seiner Leistung erreiche, werden seine Aufmerksamkeit und seine Energie auf Leistung und deren Anerkennung ausgerichtet sein. Sie werden damit zu zentralen Lebensthemen im Leben dieses Menschen. Alles wird unter dieser Perspektive wahrgenommen und beurteilt. Eine Einengung und Fixierung auf solche Themen hat zur Folge, daß die Verbindung zu den Quellen unseres wesensmäßigen Seins teilweise oder sogar ganz unterbunden werden.

Jeder Enneagrammtypus hat eine solche Fixierung oder Ausrichtung seiner Energie auf ein bestimmtes, eingegrenztes Ziel.

DIE LEBENSKONZEPTE DER ENNEAGRAMM-TYPEN

Typus eins
Um liebenswert zu sein, muß ich tadellos, fehlerfrei und perfekt sein.

Typus zwei
Um Liebe und Aufmerksamkeit zu erlangen, muß ich auf die Bedürfnisse und Nöte anderer achten und ihnen helfen.

Typus drei
Ich bin nur wert, was ich leiste. Deshalb muß ich Fehler, Versagen und Mißerfolg in jedem Fall vermeiden.

Typus vier
Um mich sicher zu fühlen, muß ich Gewöhnlichkeit und Durchschnittlichkeit um jeden Preis vermeiden; ich muß immer etwas Besonderes sein.

Typus fünf
Um der Bedrohung der inneren Leere zu entgehen, muß ich mich zurückziehen und mir durch Sammeln von Wissen und Erkenntnissen den Überblick schaffen.

Typus sechs
Um die Bedrohungen und Gefahren des Lebens zu meistern, muß ich ständig wachsam sein. Nur so kann ich ihnen ausweichen oder den Stier bei den Hörnern packen.

Typus sieben
Um keinen Schmerz mehr zu erleiden, muß ich durch Optimismus und Zukunftsorientierung Schmerz und Leiden aus meinem Bewußtsein verbannen.

Typus acht
Ich darf mich unter keinen Umständen schwach zeigen, deshalb muß ich kämpfen.

Typus neun
Um mich nicht unwichtig zu fühlen, muß ich um jeden Preis Konflikte vermeiden oder herunterspielen.

»Die wesensmäßige Beziehung wird durch das ersetzt, was die spirituelle Tradition als falsche oder illusorische Persönlichkeit bezeichnet: ein System von Vorstellungen und Überzeugungen, dessen Ursprünge die Nachahmung unserer Eltern, die Verdrängung unserer Verluste und das Erlernen der Verstellung sind.« (Palmer 1991)

Dies stellt eine Verkürzung unserer Seinsmöglichkeiten dar und erschwert oder verhindert gar die Reifung der Person. Das Aufspüren und Bewußtmachen der Lebensthemen ist deshalb Voraussetzung für die Integration der Person.

Mit Lebensthemen konstruktiv und effektiv umgehen heißt, Bewußtheit zu entwickeln, was wiederum bedeutet, sich selbst aus der Sicht eines neutralen Beobachters zu beschreiben. Voraussetzung dafür ist die Fähigkeit zur Selbstwahrnehmung, also Gedanken, Gefühle oder Körperempfindungen wahrzunehmen. Sie weist darauf hin, daß wir über eine Instanz verfügen, die wir als »inneren Beobachter« bezeichnen können.

Das Haupthindernis für das Erkennen der eigenen zentralen Lebensthemen sind die Abwehrmechanismen oder »Puffer«, wie Gurdjieff sie bezeichnete. Zentraler Bestandteil jeder Persönlichkeitsarbeit ist das Bewußtwerden des eigenen unbewußten Abwehrsystems.

»Die Vorstellung, daß wir einem Großteil unseres Charakters gegenüber blind sind, wird heute allgemein akzeptiert. Die Entlarvung von ›Blindstellen‹, Abwehrmechanismen und kognitiven Dissonanzen in unserer Charakterstruktur ist für jeden, der ein psychologisch reifes Leben führen will, unabdingbar. Sie ist doppelt notwendig für jemanden, der das zu werden versucht, was Gurdjieff ein wahres menschliches Wesen nannte. Suchende sollten Puffern gegenüber besonders wachsam sein, weil unbewußte Abwehrmechanismen ganz spezifische Verlagerungen der Aufmerksamkeit sind, aufgrund deren wir die Realität verzerrt sehen.« (Palmer, ebd.)

Die Abwehrmechanismen haben die Funktion, das (psychische) Überleben des Kindes zu sichern. Wenn wir nun unserem Dilemma näherkommen wollen, ist es nötig, es wieder zu fühlen.

»Sie müssen der Haupteigenschaft selbst nahekommen. Wenn Sie sie selbst fühlen, kennen Sie sie. Wenn sie Ihnen nur genannt wird, werden Sie sie immer vergessen.« (Ouspensky 1966)

93

Das Erfühlen der Lebensgrundthemen geschieht zunächst durch das Wiedererlangen der Leibwahrnehmung.

»Der Leib ist vielmehr auch die Person selbst in der Gestalt, in der sie sich in einer Einheit von Gebärden in der Welt ausdrückt, darstellt, verfestigt und mehr oder weniger selbst verwirklicht oder auch verfehlt! In vorübergehenden Gebärden drückt sich ein vorübergehender Zustand aus, zum Beispiel Schreck, Zorn, Trauer, Verzweiflung usw. In habituell gewordenen Haltungen drückt sich ein mehr oder weniger tief eingefleischter Dauerzustand des ganzen Menschen aus, zum Beispiel in einer habituell gewordenen Verspanntheit eine chronische Ängstlichkeit, Unsicherheit usw. Solche Dauerhaltungen haben aber für den Therapeuten nicht nur diagnostische Bedeutung, sondern sie bieten auch einen Ansatz zu tiefgreifender Behandlung. So wie eine verfestigte Haltung auch auf den inneren Zustand zurückwirkt und gegebenenfalls die innere Entwicklung behindert, so kann auch das Bewußtmachen und die Umstellung der ›äußeren‹ Haltung eine tiefgreifende Bedeutung für die Entwicklung der inneren Gesamtverfassung der Person gewinnen.« (Dürckheim 1981)

Die Erarbeitung des Enneagramms durch Gurdjieff geschah zu einem Großteil über den Leib, nämlich durch nonverbale Bewegungsübungen. Damit sollte erreicht werden, daß sich die Aufmerksamkeit vom Denken abwendet und einer anderen Art des Erkennens Raum gibt. Die Technik, grundlegende Lebensthemen über den Körper zu bearbeiten, findet sich heute in den verschiedensten Ansätzen von Therapie, Beratung und Persönlichkeitsarbeit. Dazu gehören praktisch alle Formen der Transpersonalen Therapie, der Initiatischen Therapie (Dürckheim), der HAKOMI-Therapie aber auch der psychoanalytisch fundierten Bioenergetik oder der Gestalttherapie. Weitere Zugänge ergeben sich durch Meditations- und Aufmerksamkeitspraktiken.
Diese Wege der Persönlichkeitsarbeit bieten eine Fülle von Methoden, um zur Bewußtheit der eigenen Lebensthemen zu gelangen.

»Vielleicht kennen Sie auch aus eigener Erfahrung, wie es ist, plötzlich Sinn und Ziel für Ihr Leben geschenkt zu bekommen. Nicht immer ist es das, was Sie sich wohl gewünscht haben. Aber wenn sich dieser Sinn unerwartet auftut, dann kann das enorme Kraftreserven freisetzen. Eine solche Erfahrung vermittelt zwar selten eine Lösung unserer alltäglichen Schwierigkeiten. Und doch kann manchmal eine tiefe Erlösung mit dieser Sinnerfahrung, die so plötzlich auftaucht, verbunden sein. Das ermöglicht auch einen anderen Umgang mit unseren Schwierigkeiten und dem Schmerz unserer Existenz. Es geht hier also nicht um einen bloß eingeredeten, über den Kopf begründeten Sinn, sondern um die Erfahrung eines Sinns, der unerwartet auftaucht. Er wird wie von außerhalb erlebt – obwohl wir ihn in uns verspüren und auch gedanklich benennen können. Dieses ›Außerhalb‹ bezieht sich auf unseren Typus: Es übersteigt ihn, läßt ihn hinter sich. Als wenn uns eine tiefere Energie und eine ganz wesentliche Botschaft in unserer Charaktermaschine erreicht und dadurch Veränderung stiftet.

Manchmal läßt uns ein Blick, eine Blume, ein Glockenschlag [...] wie für kurze Momente – Bruchteile einer Sekunde – einen Blick hinter unseren Typus werfen. Oft erfolgt dabei ein tieferer Atemzug. Immer ist die Erfahrung sinnlich-körperlich.

Die gemeinsamen Dimensionen des Erlebens hinter unserem Typus sind:
– eine bestimmte Qualität von körperlicher Erfahrung,
– sich im unmittelbaren ›Jetzt‹ zu befinden,
– eine Loslösung, Dis-Identifikation von unserem Typus und den dazugehörigen Glaubenssystemen.« (Renn 1991)

Die Dimension leibhaften Erlebens und Erfahrens umfaßt die anderen Dimensionen unseres Seins. Es ist – über die Zentren Kopf, Herz und Bauch – der Zugang zu tiefen und tiefsten Schichten unserer Existenz.

Gerade in einer rationalen und kopflastigen Kultur und Zeit kommt dem Wiedererlangen der ursprünglichen Fähigkeit der Wahrnehmung mit dem Körper wieder besondere Bedeutung zu. Wenn die Auseinandersetzung mit unseren Lebensthemen zu wirklicher Verwandlung und Umkehr führen soll, kann auf die sinnlich-körperliche Erfahrung nicht verzichtet werden. Eine rein intellektuelle Annäherung an das Enneagramm vermag den Menschen kaum in seinem Zentrum zu treffen, und birgt die Gefahr, daß das Modell zur vorschnellen Etikettierung anderer verwendet wird.

EIN ENTSCHEIDENDER UNTERSCHIED

Uwais, der Sufi, wurde einmal gefragt: »Was hat Euch die Gnade gebracht?«

Er antwortete: »Wenn ich morgens erwache, fühle ich mich wie ein Mensch, der nicht sicher ist, ob er den Abend erleben wird.«

Sagte der Fragende: »Aber geht es nicht allen Menschen so?«

Sagte Uwais: »Sicher. Aber nicht alle fühlen es.«

Noch nie wurde jemand davon betrunken, daß er das Wort WEIN mit dem Verstand erfaßt hat. (DEMELLO 1985)

7.1 Sinn und Unsinn von Typologien

Empirisches, intensives Beobachten menschlichen Verhaltens und der Natur führte und führt immer wieder dazu, daß nach einer Systematisierung und Strukturierung gesucht wird. Aus der Antike kennen wir solche Typenlehren. Hippokrates (460–377 v. Chr.) – er war übrigens der bedeutendste Arzt seiner Zeit – lehrte, daß es entsprechend den vier Grundelementen Luft, Wasser, Feuer, Erde vier menschliche Temperamente gebe. Diese entstünden infolge der unterschiedlichen Mischung von Körpersäften. Der römische Arzt Galenus ordnete dieser Idee zweihundert Jahre später die vier auch heute noch oft benutzten Temperamente zu: Sanguiniker, Phlegmatiker, Choleriker und Melancholiker.
In neuerer Zeit, nämlich 1921, veröffentlichte der Schweizer Arzt und Psychoanalytiker Carl Gustav Jung sein Buch *Psychologische Typen*. Jung ging davon aus, daß es im Verhalten einer Person so etwas wie eine Steuerung oder Richtschnur gebe. Er kam zu der Feststellung, daß menschliches Verhal-

ten nicht zufällig oder willkürlich sei, selbst wenn dieses manchmal so erscheine. Nach seiner Auffassung existieren immer Grundmuster, und deshalb läßt sich menschliches Verhalten auch klassifizieren.

Auf der Grundlage der Studien von C. G. Jung entstand die mittlerweile weitverbreitete und anerkannte Typologie von Myers-Briggs. Der Myers-Briggs-Typenindikator gilt heute als eines der seriösesten und angesehensten Instrumente für die Bereiche Personal, Fortbildung von Führungskräften, Management und Organisationsentwicklung. Die Typologie des Enneagramms wird heute auch in bezug zu anderen Persönlichkeitstheorien untersucht. Im Zentrum steht dabei die Frage, nach welchen Bewertungskriterien der Enneagramm-Typ zuverlässig ermittelt werden kann. Dabei ergaben sich interessante Verbindungen zum Enneagramm. Eine Darstellung des Zusammenhanges zwischen Enneagrammtypen und dem Myers-Briggs-Typenindikator findet sich bei Baron/ Wagele (1996). Die beiden Autorinnen zeigen auf, in welchen der sechzehn Grundtypen von Myers-Briggs die Charakterisierungen des Enneagramms jeweils ihre stärkste Ausprägung haben.

Um uns in der Welt, der Wirklichkeit zu orientieren, verwenden wir also Typisierungen und Modelle. Diese geben aber nicht die Wirklichkeit wieder, sondern sind lediglich eine Hilfe, um Phänomene einzuordnen und zu verstehen. Das Enneagramm ist ein solches Hilfsmittel – nicht mehr und nicht weniger.

DIE BUDDHA-STATUE

Ein Anhänger Buddhas besaß eine wunderschöne, kostbare und sehr alte hölzerne Buddha-Statue, die er verehrte und auf seinen vielen Reisen mit sich nahm. Auf einer Fahrt geschah es ganz unverhofft, daß er von einem Schneesturm überrascht wurde. Gerade fand er noch in einer Scheune Unterschlupf. Nach einiger

Zeit zitterte er jedoch derart vor Kälte, daß er befürchtete, sterben zu müssen. Als er schon mit seinem Leben abgeschlossen hatte, erschien ihm der Buddha und fragte ihn:

»Warum verbrennst du mich nicht?«

Der Mann bekam große Angst und wehrte sich mit aller Macht gegen diese Idee. Doch der Buddha lachte und sagte: »Wenn du mich in der Statue suchst, wirst du mich niemals finden. Ich bin in keinem Objekt, ich bin im Verehrenden. Ich bin es, der in dir zittert. Also verbrenne diese Statue!«[17]

»Die Beschreibung der neun Punkte, die Linien zwischen den Punkten und der Kreis geben uns ein Bild von einem relevanten Teilaspekt der Seelenlandschaft. Es gibt auch andere Landkarten für das Phänomen ›Charaktermuster‹, die Zugänge zu demselben Phänomen ermöglichen.« (Gallen/Neidhardt 1994)

Wenn wir psychologische Typen beschreiben, beleuchten wir, wie Menschen bevorzugt Informationen aufnehmen und Entscheidungen darüber treffen, wie sie sich unter Streß verhalten, was ihre bevorzugten Verhaltensstile in der Kommunikation und Kooperation mit anderen sind. Die Unterschiede im menschlichen Verhalten resultieren aus den unterschiedlichen Konzepten, die wir über uns selbst (*Selbstkonzept*), die anderen (*Fremdkonzepte*), das Leben und die Welt (*Weltbild*) entwickelt haben. Diese Konzepte bestimmen die Ausrichtung unserer Wahrnehmung und Energie. Unsere Grundkonzepte entscheiden darüber, ob wir von Menschen, Aufgaben oder Ereignissen angezogen oder abgestoßen werden.

Deshalb können Menschen auch typisiert werden. Das heißt konkret, daß wir über die Kenntnis unseres Typus voraussagen können, was uns befriedigt und stimuliert oder was uns irritiert oder frustriert.

Niemals hat eine Typologie die Funktion, andere Menschen zu etikettieren und auf etwas festzulegen. Sie sagt etwas über unser Grundmuster aus. Dieses ist als solches weder gut noch schlecht. Entscheidend ist vielmehr die Art und Weise, wie ein Mensch seinen Typus, sein »Schnittmuster« lebt.

Aus der Kenntnis des eigenen Typus lassen sich Erkenntnisse für das eigene Wachstum und die eigene Entwicklung gewinnen. In dem Maße, in dem wir uns selbst kennen, wächst auch unsere Menschenkenntnis. Aus diesem Verständnis heraus machen Typologien Sinn und stiften Nutzen.

7.2 Die Typologie des Enneagramms: Ein erster Überblick

Das Enneagramm beschreibt, wie wir gesehen haben, neun psychologische Grundmuster. Sie können uns verständlich machen, warum wir uns in bestimmten Situationen so und nicht anders verhalten. Durch seine Verbindungslinien erhalten wir wertvolle Hinweise darüber, welches unsere Lebensthemen sind und in welche Richtung wir uns weiterentwickeln können. Die Enneagrammfigur ist in der Typologie genau die gleiche wie bei dem Enneagramm, mit dem wir Prozesse wahrnehmen können.

Als dynamisches Modell ist das Enneagramm so angelegt, daß es der individuellen Ausgestaltung und dem Entwicklungsstand jedes Menschen Rechnung trägt. Es gibt zwar nur neun Grundmuster, aber die Kombinationsmöglichkeiten der neun Typen sind so zahlreich wie die Menschen und so einmalig wie jeder einzelne.

Um mit dem Enneagramm arbeiten zu können, ist es nötig, zunächst einmal seinen Aufbau und die einzelnen Elemente und deren Beziehungen untereinander zu verstehen. Die zentralen Begriffe sind: *Triaden*, *Punkte*, *Linien*, *Flügel* und *Subtypen*.

7.3 Triaden, Punkte, Linien, Flügel, Subtypen

Triaden

Die Grundstruktur besteht in der Darstellung der neun Persönlichkeitstypen in drei Triaden. Verschiedene Autoren verwenden dafür unterschiedliche Terminologien. Mit ihrer Triadenbeschreibung zielen sie jeweils auf einen anderen Aspekt der Persönlichkeit.

Riso (1989) behandelt die Typen unter dem Aspekt ihres Verhaltens. Er unterscheidet zwischen der *Beziehungstriade*, der *Gefühlstriade* und der *Handlungstriade*.

»Die drei Persönlichkeitstypen jeder Triade sind nicht willkürlich zusammengestellt. Jeder Typus resultiert aus einer ›Dialektik‹, die aus These, Antithese und Synthese der psychologischen Eigenschaften, die diese Triade charakterisieren, besteht. In jeder Triade wird einer der Typen die charakteristische Eigenschaft der Triade überentwickeln, einer hat sie unterentwickelt, und der dritte hat den Bezug zu ihr verloren.« (Riso 1989)

Abbildung 11: Die Triaden nach Riso

In der Beziehungstriade sind die Beziehungsfähigkeit, der unmittelbare Kontakt, das Bezogensein auf die Realität und die Auseinandersetzung mit der Welt zentrale Themen. Sie sind bei der Acht überentwickelt, bei der Neun verloren und bei der Eins unterentwickelt/ambivalent.

Im Zentrum der Gefühlstriade steht das Gefühlsleben im Sinne des unmittelbaren Zugangs zur eigenen emotionalen Realität. Es ist bei der Zwei überentwickelt, bei der Drei verloren und bei der Vier unterentwickelt/ambivalent.

Die Thematik der Handlungstriade bezieht sich auf die Handlungsfähigkeit im Sinne des direkten Umsetzens von Impulsen in die Tat: überentwickelt bei der Sieben, verloren bei der Sechs und unterentwickelt/ambivalent bei der Fünf.

Selbstverständlich sind die Beziehungs-, Gefühls- und Handlungsthemen bei jedem Menschen wirksam: Sie bilden seine Persönlichkeit. Doch wir alle haben eine Grundtendenz, die unser Verhalten prägt und unsere Fixierungen und Möglichkeiten bestimmt.

Jaxon-Bear (1992) beschreibt die Typen in der Triade unter dem Aspekt ihres Hauptproblems. Er unterscheidet zwischen *Zorn-*, *Image-* und *Angsttriade*. In jeder Triade gibt es eine andere zentrale Fixierung. Sie werden unterschiedlich gelebt und verarbeitet.

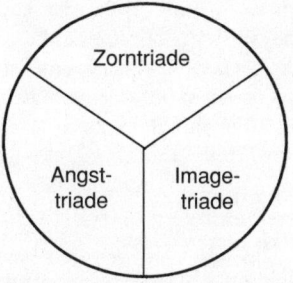

Abbildung 12: Die Triaden nach Jaxon-Bear

In der Zorntriade werden Wut und Aggression bei der Acht äußerlich, bei der Neun gar nicht und bei der Eins innerlich gelebt.

Im Zentrum der Imagetriade stehen Ansehen und die Rolle, die die Gesellschaft von einem Menschen zu spielen verlangt. Dabei lebt Typ Zwei sein Selbstgefühl äußerlich, die Drei gar nicht und die Vier innerlich.

Das zentrale Problem der Angsttriade ist der Umgang mit Furcht und Angst. Dies verarbeitet Typ Sieben äußerlich, die Sechs gar nicht und die Fünf innerlich.

Die Fixierungen manifestieren sich entweder im physischen, im emotionalen oder aber im mentalen Körper. Entsprechend seinem Typ braucht jeder einen der drei Körper übermäßig. Wie Riso geht auch Jaxon-Bear davon aus, daß bei jedem alle Themen eine Rolle spielen, daß aber ein Thema zentrale Bedeutung hat. Aus der Perspektive dieser Thematik reagieren wir auf unsere Umwelt.

»Wenn wir uns den Charakter als eine Berglandschaft vorstellen, dann gibt es dort Täler, Berge und Flüsse. Jeder von uns manifestiert eine vollständige Landschaft. Manchmal wandert unser Bewußtsein zur Spitze des Berges und manchmal zum Fluß. Aber wenn wir in eine Situation geraten, die uns herausfordert, dann handeln wir aus unserer Fixierung heraus. Wir kehren sofort zu dem Teil der Landschaft zurück, der unser Zuhause ist.

Jemand, der an einem Zorn-Punkt fixiert ist, kann auf der Autobahn dahinfahren und dabei in liebevolle Gedanken versunken sein oder im Geiste ein Gedicht verfassen. Aber wenn ein anderer Fahrer ihn schneidet, wird sein Körper spontan mit Wut und Zorn reagieren. Das ist die Fixierung. Wie mit dem Zorn dann umgegangen wird, hängt vom persönlichen Reifegrad ab.« (Jaxon-Bear 1992)

Rohr/Ebert unterscheiden zwischen *Bauch-*, *Herz-* und *Kopftriade*. Diese Begriffe stammen aus der Jesuitentradition. Der Bauchbereich entspricht in etwa der Beziehungs-/Zorntriade, der Herzbereich ähnelt der Gefühls-/Imagetriade, und der Kopfbereich deckt sich ungefähr mit der Handlungs-/Angsttriade.

Die Bauchtypen leben aus einer elementaren physischen Energie heraus, einer »sexuellen« Kraft, die in fremde Bereiche eindringt, erobert, etwas in Gang bringt und kreativ

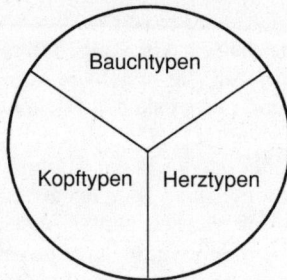

Abbildung 13: Die Triaden nach Rohr/Ebert

gestaltet, von anderen aber auch als feindselig erlebt werden kann. Dabei lebt die Acht die Energie exzessiv aus, die Neun überhaupt nicht und die Eins ambivalent.

Die soziale Energie ist die Hauptthematik der Herztypen. Sie ist an Gemeinschaft und Kommunikation interessiert. Die Zwei lebt dies stark, die Drei gar nicht und die Vier ambivalent.

Um sich zu schützen, leben die Kopftypen primär die selbsterhaltende Energie – die Fünf exzessiv, die Sieben nicht und die Sechs ambivalent.

Die Einteilung in Bauch-, Herz- und Denktypen findet sich auch in der griechischen Philosophie. Sie unterscheidet drei Bereiche im Menschen:

- den begehrlichen Teil (*epithymia*),
- den emotionalen (*thymos*) und den
- geistigen Teil (*nous*).

Evagrius Ponticus (346–400 n. Chr.), ein Mönch, der zu den Wüstenvätern zählt, galt als Spezialist für den Umgang mit den Gedanken und Leidenschaften. Als Grieche geht er von den drei Zentren aus, die auch das Enneagramm beschreibt. Er entwickelte die Lehre von den neun *logismoi*.

103

»Evagrius ordnet nun jedem der drei Bereiche je drei ›logismoi‹ zu. Logismoi sind gefühlsbetonte Gedanken, die den Menschen beherrschen können, Leidenschaften der Seele, Triebkräfte, mit denen er sich auseinandersetzen muß. Im negativen Sinn nennt Evagrius die logismoi auch Laster und ordnet sie den Dämonen zu, die dem Menschen diese Laster eingeben. Der Umgang mit diesen Gedanken und Leidenschaften ist daher zugleich ein Kampf mit den Dämonen. Dabei haben die Dämonen nicht nur negative Bedeutung. Es sind auch Kräfte, die sich der Mensch gefügig machen kann. Bei Plato waren die Dämonen durchaus gute Kräfte. Erst durch den persischen Dualismus wurden aus ihnen negative Mächte. Für Evagrius sind es die Kräfte dieser Welt, personifizierte psychologische Mechanismen, die im Menschen wirken. Die Bedeutung des Evagrius für unsere Zeit liegt wohl darin, daß er die Dämonenlehre psychologisch als Umgang mit den Leidenschaften und mit den Gesetzen der Seele scharfsichtig beschrieben hat.« (Grün 1997)

Diese Beschreibung macht deutlich, daß es in den alten Kulturen ein tiefes Wissen über die menschliche Seele gegeben haben muß. Offenbar wurde es in einander ähnlichen Modellen und Symbolen dargestellt und weitergegeben.

Punkte

Wir wissen inzwischen, daß das Enneagramm neun Punkte auf einem Kreis hat, die den gleichen Abstand voneinander einnehmen und entsprechend numeriert sind. Zur Erinnerung:

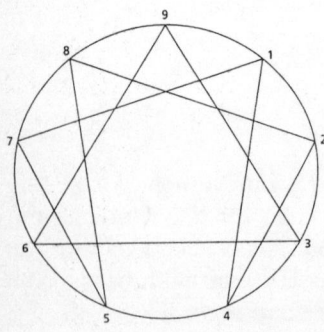

Abbildung 14:
Die neun Punkte des Enneagramms

Jeder Punkt repräsentiert einen Persönlichkeitstypus. Untereinander sind die einzelnen Punkte auf eine bestimmte Weise mit Linien verbunden. Die Hauptcharakteristika der Typen sind:

Typus eins ist prinzipientreu, unternehmerisch, ordentlich, perfektionistisch und streng.

Typus zwei ist fürsorglich, selbstlos, großmütig, besitzergreifend und manipulativ.

Typus drei ist selbstsicher, ehrgeizig, effizient, tatkräftig, begeisternd, antriebsstark, eigensüchtig, eitel, aggressiv und feindselig.

Typus vier ist schöpferisch, kreativ, empfindsam, intuitiv, introvertiert, zurückgezogen, »exklusiv«, unsicher und depressiv.

Typus fünf ist scharfsinnig, analytisch, konsequent, selbstgenügsam, exzentrisch, distanziert, negativ eingestellt und paranoid.

Typus sechs ist verbindlich, loyal, pflichtbewußt, fürsorglich, übervorsichtig, abhängig, defensiv, reizbar und masochistisch.

Typus sieben ist vielseitig, fröhlich, einfallsreich, charmant, narzißtisch, impulsiv, undiszipliniert, ruhelos und manisch.

Typus acht ist selbstbewußt, durchsetzungsstark, erdnah, energisch, kämpferisch, herrisch, egozentrisch, aggressiv und destruktiv.

Typus neun ist freundlich, friedfertig, geduldig, offen, mitfühlend, anpassungsfähig, passiv, abgehoben, vergeßlich, grüblerisch, apathisch und passiv-aggressiv.

Jeder Typus repräsentiert ein Lebensstilmuster mit einer bestimmten Finalität, die von Wertvorstellungen und Überzeugungen bestimmt ist, an denen sich der Mensch orientiert, um sich wohl und sicher zu fühlen.

Für jeden Typus läßt sich ein Leitsatz formulieren (siehe dazu auch »Die Lebenskonzepte der Enneagrammtypen« auf Seite 91 f.):

»Ich bin gut und fühle mich sicher, wenn ...«

Typus eins: »... ich ehrlich, fleißig und ordentlich bin.«
Typus zwei: »... ich liebevoll, selbstlos und hilfsbereit bin.«
Typus drei: »... ich erfolgreich, kompetent und effizient bin.«
Typus vier: »... ich originell, sensibel und kultiviert bin.«
Typus fünf: »... ich weise, klug und sensibel bin.«
Typus sechs: »... ich treu, gehorsam und loyal bin.«
Typus sieben: »... ich optimistisch, fröhlich und nett bin.«
Typus acht: »... ich gerecht, stark und überlegen bin.«
Typus neun: »... ich gelassen, harmonisch und ausgeglichen bin.«

Linien

Das Enneagramm ist ein dynamisches Modell, das heißt, daß die Persönlichkeitstypen nicht als statische Kategorien verstanden werden dürfen. Die Linien zeigen die Entwicklungsmöglichkeiten der Persönlichkeit in Richtung Wachstum (*Integration*) beziehungsweise Störung (*Desintegration*) an. Die Linien sind als Metaphern für die möglichen psychologischen Prozesse im Menschen zu verstehen. Es handelt sich um die symbolische Darstellung, wie sich ein Mensch von seinem momentanen Zustand in verschiedene Richtungen entwickeln kann.

Neben dem Erkennen des Grundtypus muß man auch verstehen, wo er sich bezüglich Integration oder Desintegration befindet. Riso bezeichnet dies als das »Kontinuum der Charakterzüge«.

»Der Begriff ›Persönlichkeitskontinuum‹ ist nicht rein theoretisch, sondern etwas, mit dem wir jeden Tag intuitiv umgehen. Was wir zweifellos an uns selbst oder an anderen bemerkt haben, ist die Tatsache, daß wir uns immerzu verändern, manchmal zum Besseren, manchmal zum Schlechteren. Verstehen wir den Begriff des Kontinuums richtig, erkennen wir, wenn solche Veränderungen in uns vorgehen, wir uns innerhalb des Spektrums der Persönlichkeitszüge bewegen, die unseren Persönlichkeitstypus ausmachen.« (Riso 1989)

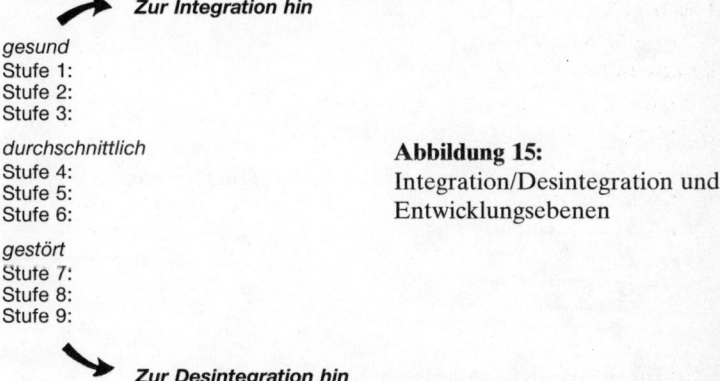

Zur Integration hin

gesund
Stufe 1:
Stufe 2:
Stufe 3:

durchschnittlich
Stufe 4:
Stufe 5:
Stufe 6:

Abbildung 15:
Integration/Desintegration und
Entwicklungsebenen

gestört
Stufe 7:
Stufe 8:
Stufe 9:

Zur Desintegration hin

Neun Entwicklungsebenen lassen sich also für jeden Persönlichkeitstypus ausmachen. Es handelt sich dabei um die Abstufungen vom Gesunden bis zum Neurotischen.

»Das Kontinuum hilft einem, den Persönlichkeitstypus als Ganzes zu erfassen, weil es den Rahmen liefert, in dem alle gesunden, durchschnittlichen und problematischen Charakterzüge ihren Platz haben. Es ist auch wichtig, das Kontinuum zu verstehen, weil wir uns nur von seinem oberen Ende in Richtung der Integration entwickeln, ebenso wie wir nur von seinem unteren Ende zur Desintegration hin absteigen können. Mit anderen Worten: Wir müssen erst seelisch ganz gesund werden, bevor wir uns einer höheren Integrationsstufe nähern können, ebenso wie wir neurotisch sein müssen, bevor wir Borderline-Symptome, Psychosen oder Schizophrenie an den Tag legen werden. Wir können nicht einfach aus der Neurose in die Integration springen oder aus der Gesundheit augenblicklich in die Neurose fallen. Integration ist ebenso wie Desintegration ein Prozeß, der seine Zeit braucht. Wir können lernen, gesund zu sein, und auch, auf verschiedene Weise und aus verschiedenen Gründen, neurotisch zu werden.« (Riso 1989)

Die beschriebenen Entwicklungsrichtungen hängen mit den genannten Linien der Integration beziehungsweise Desintegration zusammen.

Die Desintegrationslinie läßt sich durch die Zahlenfolge 1 – 4 – 2 – 8 – 5 – 7 – 1 / 9 – 6 – 3 – 9 ablesen.

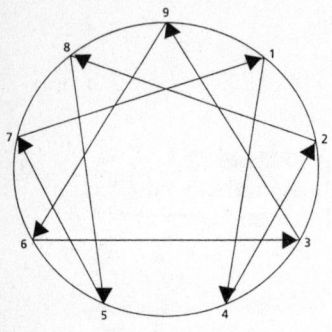

Abbildung 16:
Die Desintegrationslinie

Der Integrationslinie entspricht die gegenläufige Bewegung: 1 – 7 – 5 – 8 – 2 – 4 – 1 / 9 – 3 – 6 – 9.

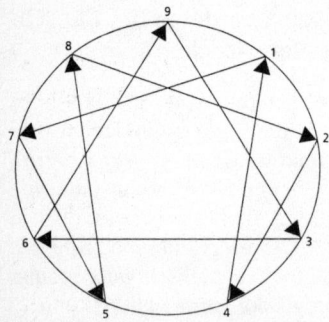

Abbildung 17:
Die Integrationslinie

»Die einfachste Methode, sich die beiden Zahlenfolgen zu merken, besteht darin, die Sequenz der Desintegration auswendig zu lernen und sie dann umzudrehen, wenn man die Zahlenfolge der Integration parat haben möchte. Eine Eselsbrücke, um sich die Desintegrationssequenz (1 – 4 – 2 – 8 – 5 – 7) zu merken, kann man bilden, wenn man diese sechs Zahlen zu Paaren zusammenfaßt. Jede zweistellige Zahl bildet dann – fast genau – den doppelten Zahlenwert wie die vorhergehende. Die ersten beiden Zahlen (1 – 4 oder 14) ergeben zusammen 28, und wenn man 28 verdoppelt, wird ›57‹ daraus. Natürlich kommt in Wirklichkeit 56 heraus, was jedoch der Gedächtnisstütze keinen Abbruch tut. Man merkt sich 14-28-57 und weiß dabei, daß die letzte Zahl rechnerisch 6 sein müßte.« (Riso 1989)

Jedes Persönlichkeitsmuster hat also seinen Integrations- und Desintegrationspunkt.
Der Desintegrationspunkt ist auch der jeweilige Streßpunkt. Jeder Typus hat seinen spezifischen Streß. In solchen Situationen laufen bevorzugt jene psychischen Prozesse ab, die dem Desintegrationspunkt entsprechen (nach Neidhardt/ Gallen 1994):

1: das Bewußtsein, trotz aller Bemühungen dem inneren (zornigen) Anspruch auf Perfektion nicht genügen zu können.
→ *Streßpunkt*: 4 (depressive Stimmungen, hervorgerufen durch Selbstvorwürfe).

2: die Erfahrung, daß gutgemeinte Hilfsangebote nicht gewürdigt werden. Das Bewußtsein, selbst zu kurz zu kommen.
→ *Streßpunkt*: 8 (Wut und Feindseligkeit, Vorwürfe an die »undankbare« Umgebung).

3: Mißerfolgserlebnisse. Nicht gut ankommen bei anderen. Das Image droht entlarvt zu werden (von außen oder innen).
→ *Streßpunkt*: 9 (depressive Antriebs- und Lustlosigkeit, Müdigkeit, passiv werden und auf stur schalten).

4: Träume platzen. Das eigene innere Mangelgefühl wird spürbarer. Kränkung durch Zurückweisung und Nichtverstehen.
→ *Streßpunkt*: 2 (Verletzung durch Fürsorglichkeit kompensieren, »klammern«, abhängig werden).

5: Erfahrungen von innerer Leere und existentieller Angst – besonders dann, wenn intensiver Kontakt möglich wäre.

→ *Streßpunkt*: 7 (in Gedanken in optimistische Fantasien und Pläne ausweichen, hektische Aktivitäten, um die innere Leere irgendwie zu füllen).

6: Unsicherheit und Zweifel. Unterlegenheitsgefühle und Verlust von Selbstvertrauen.

→ *Streßpunkt*: 3 (Größenfantasien und unrealistisch übersteigertes »Selbstvertrauen«, gesteigerte Produktivität).

7: Die Fähigkeit, sich positiv Optionen offenzuhalten, droht verlorenzugehen, zum Beispiel durch äußere Umstände.

→ *Streßpunkt*: 1 (rechthaberisch und starr werden, zornig einen Plan um jeden Preis realisieren wollen/müssen).

8: Das Bewußtsein, sich viele Feinde geschaffen zu haben. Übergroße Erfahrungen von Ablehnung durch andere.

→ *Streßpunkt*: 5 (Rückzug aus sozialen Kontakten, Einsamkeit, Isolation und Angst).

9: das Bewußtsein, daß es unausweichlich wird, das eigene Ich zu behaupten und zum Beispiel einen Konflikt zu riskieren.

→ *Streßpunkt*: 6 (Unsicherheit, Angst und Selbstzweifel, vor allem Zweifel am eigenen Wert: »Ich bringe nichts zustande.«).

Bewegt sich ein Typus in Richtung persönlicher Reife und Integration, so entdeckt er bei seinem Integrationspunkt das, was ihm hilft, den Weg aus seiner Fixierung heraus zu finden.

1: Der Zorn ist weniger virulent, eigene Mängel und die Fehler anderer sind weniger bedeutsam. Loslassen, Entspannung und Humor greifen innerlich Raum.

→ *Integrationspunkt*: 7 (Optimismus und Lebensfreude).

2: Der vom Stolz gesteuerte Drang, sich um andere zu kümmern, läßt nach, eigene Bedürfnisse werden gespürt und befriedigt.

→ *Integrationspunkt*: 4 (positive Selbstbezogenheit und Selbstliebe).

3: »Leistung«, »Erfolg« und »gut angekommen« werden weniger wichtig. Die Frage »Wie bin ich wirklich?« rückt in den Vordergrund des Bewußtseins.

→ *Integrationspunkt*: 6 (konstruktiver Selbstzweifel, liebevoll-kritisches Infragestellen der eigenen Person).

4: Achtung vor dem Alltäglichen, Nicht-Besonderen kann gefühlt werden, die Aufmerksamkeit geht von den Träumen weg zum konkreten Handeln.

→ *Integrationspunkt*: 1 (Prinzipientreue, Handeln auf der Grundlage persönlicher Wertvorstellungen).

5: Der Ich-Geiz läßt nach, mehr Vertrauen und soziale Risikobereitschaft werden möglich.

→ *Integrationspunkt*: 8 (sich zeigen, auftreten, kämpferisch auch ein Beziehungsrisiko eingehen).

6: Der (Selbst-)Zweifel kann schweigen, weil die Person sich sicher fühlt, zum Beispiel in einer durch und durch »ehrlichen« Beziehung.

→ *Integrationspunkt*: 9 (Harmonie, innerer Friede, Ausgeglichenheit).

7: Die »nervösen Aktivitäten«, sich selbst positiv zu stimulieren, haben einer inneren Selbstzufriedenheit Platz gemacht, es wird möglich, sich durch Ruhe und Besinnung tiefer »einzulassen«.

→ *Integrationspunkt*: 5 (Rückzug und Betrachtung. Positive Leere).

8: Der kraftvolle Schutzpanzer »schmilzt«, eigene Schwäche und Verletzlichkeit können gezeigt werden.

→ *Integrationspunkt*: 2 (ein »offenes Herz« für die Umgebung haben, liebevoll mit sich selbst umgehen).

9: Eigene Autonomiebedürfnisse werden gespürt und gelebt, Tatkraft und Entschlossenheit können lustvoll wahrgenommen werden.

→ *Integrationspunkt*: 3 (Freude an effizientem Handeln, Spaß daran haben, im Mittelpunkt zu stehen).

Flügel

Im konkreten Alltag findet man wohl kaum zwei Menschen mit dem gleichen Grundtypus, die auch wirklich gleich sind. Jeder Mensch lebt seinen Typus auf seine eigene kreative Weise. Entscheidender Bedeutung kommt den beiden Typen links und rechts des eigenen Typus zu. Wir nennen sie »Flügel«. Einer der beiden Flügel ist der Tendenztypus. Dieser bestimmt wesentlich mit, auf welche Weise der Grundtypus gelebt wird.

Der Einfluß der Flügel zeigt deutlich, daß jeder Mensch seinen Typus auf seine individuelle Art lebt. Dies wird durch den Grad der Integration verstärkt. Die persönliche Haltung zu dem, was der Mensch im Verlaufe seiner Charakterentwicklung erlebt, bewirkt, daß er seinen Typus auf seine persönliche und einzigartige Weise lebt. Dies ist der Grund, warum zwei gleiche Typen so unterschiedlich sein können. Von entscheidender Bedeutung ist die Ausrichtung der Energie auf die den jeweiligen Typ bestimmende Finalität.

Subtypen

Mit *Sub-* oder *Untertypen* bezeichnen wir im Enneagramm das Phänomen, daß der Mensch von drei Grundkräften be-

mit EINSER-Flügel	ZWEI	mit DREIER-Flügel
verurteilend	desintegriert	berechnend
ehrgeizig	durchschnittlich	angepaßt
ermutigend	integriert	freundlich
mit ZWEIER-Flügel	DREI	mit VIERER-Flügel
heimtückisch	desintegriert	großspurig
attraktiv	durchschnittlich	anspruchsvoll
sensitiv	integriert	intuitiv
mit DREIER-Flügel	VIER	mit FÜNFER-Flügel
manisch	desintegriert	abgeschottet
erfolgssüchtig	durchschnittlich	rätselhaft
gewinnend	integriert	schöpferisch
mit VIERER-Flügel	FÜNF	mit SECHSER-Flügel
hoffnungslos	desintegriert	mißtrauisch
empfindlich	durchschnittlich	blockiert
inspiriert	integriert	fleißig
mit FÜNFER-Flügel	SECHS	mit SIEBENER-Flügel
arrogant	desintegriert	panisch
gesetzlich	durchschnittlich	mürrisch
sachverständig	integriert	warmherzig
mit SECHSER-Flügel	SIEBEN	mit ACHTER-Flügel
bestätigungssüchtig	desintegriert	habgierig
defensiv	durchschnittlich	weltläufig
fröhlich	integriert	führungsstark
mit SIEBENER-Flügel	ACHT	mit NEUNER-Flügel
explosiv	desintegriert	kaltblütig
geschäftstüchtig	durchschnittlich	sanft dominierend
großherzig	integriert	gütig
mit ACHTER-Flügel	NEUN	mit EINSER-Flügel
rachsüchtig	desintegriert	willkürlich
sinnlich	durchschnittlich	selbstzufrieden
sanft und stark	integriert	rein
mit NEUNER-Flügel	EINS	mit ZWEIER-Flügel
intolerant	desintegriert	heuchlerisch
unpersönlich	durchschnittlich	kontrollierend
gerecht	integriert	barmherzig

stimmt wird: Sexualität, Sozialität und Selbsterhaltung. In jeder Lebenssituation ist er von einer dieser Grundkräfte bestimmt.

»Es ist anzunehmen, daß jemand im Berufsleben hauptsächlich seinen sozialen Untertyp auslebt, in der Partnerschaft den sexuellen und in Augenblicken des Alleinseins und des Rückzugs den selbsterhaltenden.« (Rohr/Ebert 1991)

7.4 Die einzelnen Typen

Im folgenden werden die einzelnen Typen charakterisiert und ihre Entwicklungsrichtung zur Entfaltung des eigenen Potentials beschrieben. Im Anschluß daran finden Sie für jeden Typus eine schematische Übersicht zur besseren Orientierung. Die Typen werden in der Reihenfolge der Triaden dargestellt.

Typus zwei

»Geben und Nehmen ist das Gleiche,
wenn man keine Erwartungen daran knüpft.«

(OKTAVIO PAZ)

»Schmeichelei ist Aggression auf Knien.«

(GERHARD BRANSTNER)

»Denk doch nicht ständig an mich,
ich will auch mal alleine sein.«

(SPONTISPRUCH)

Zweien verfügen über ein starkes Gespür dafür, was andere Menschen wünschen und wollen. Im Verlaufe ihrer Entwicklung haben sie gelernt, sich an die Bedürfnisse der anderen anzupassen und ihnen möglichst gut zu entsprechen. Für sie gilt die Grundannahme, daß sie geliebt werden, wenn sie

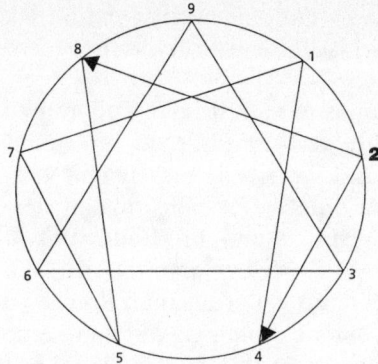

Integration: → 4
Desintegration: → 8

Abbildung 18:
Typus zwei, Integration
und Desintegration

selbst lieben. Sie suchen ihre Sicherheit in der Welt der Liebe. Indem sie auf die Bedürfnisse und Nöte anderer achten, erhoffen sie für ihr Engagement für den anderen etwas zurückzuerhalten. Dadurch können sie in eine große Abhängigkeit geraten. Ihre Strategie besteht darin, durch die Sorge für den anderen dessen Aufmerksamkeit zu bekommen. Desintegrierte Zweien geraten oft in Co-Abhängigkeiten. Typisches Beispiel dafür ist die Partnerin eines Alkoholikers, die sich schlagen läßt und trotzdem bei ihm bleibt oder immer wieder zurückkommt.

Zweien operieren indirekt, um Liebe und Anerkennung zu erhalten, weil sie tief in sich ein starkes Schamgefühl tragen. Sie wollen um jeden Preis ihre Bedürftigkeit verstecken. Niemand darf erfahren, wie sehr sie andere Menschen brauchen. Deshalb ist es für sie überlebenswichtig, von anderen gebraucht zu werden, vor allem von den Menschen, die ihnen nahestehen.

Sie streben nach Beifall, um Zurückweisung zu vermeiden. Honorieren die anderen ihre Besorgtheit um deren Bedürfnisse allerdings nicht mit entsprechender Aufmerksamkeit, sind sie sehr verletzt. Ihren Ärger über die Verletzung drücken sie aber meist indirekt aus. Sie können anderen Vorhaltungen machen und sie daran erinnern, was sie doch

115

alles für sie getan haben. Daß sie damit bisweilen viel Druck und Schuldgefühle vermitteln, ist ihnen oft überhaupt nicht bewußt.

In Beziehungen laufen Zweien also Gefahr, den anderen zu funktionalisieren. Für das Gute, das sie tun, erwarten sie als Gegenleistung Dankbarkeit und Wertschätzung. Damit werden sie berechnend und manipulativ. Zweien müssen deshalb lernen, ihre eigenen Bedürfnisse und ihre Bedürftigkeit zu erkennen und zuzulassen. Dies ist der erste Schritt, um aus der Abhängigkeit zur Erkenntnis der eigenen Stärke zu kommen. Die Einsicht in die eigene Abhängigkeit kann eine äußerst demütigende Erfahrung sein, die in der Regel mit persönlichen Verlusten verbunden ist. Nicht selten müssen Zweien auf dem Wege der Integration eine depressive Phase durchlaufen, die sie zu einer wahrhaftigeren Selbsteinschätzung führen kann.

Die Wachstumslinie der Zwei führt sie zu Punkt 4 des Enneagramms. Dabei lernt sie, ein Gefühl für sich selbst und die eigenen Bedürfnisse zu entwickeln. Indem sie beginnt, mehr auf sich selbst zu achten und selbständiger zu leben, wird sie auch ein positiveres Selbstbild entwickeln. Zweien können dann echte Altruisten sein – sie sind einfühlsam, freundlich und verfügen über eine spontane Herzlichkeit, die allen in ihrem Umfeld gut tut. Integrierte Zweien sind liebesfähige Menschen und echte Freunde. Sie können den anderen positive Wertschätzung und Akzeptanz vermitteln und verfügen über ein feines Gespür für andere, was sie gerade in schwierigen Situationen befähigt, wirkliche Hilfe zu leisten.

Doch Zweien manipulieren nicht nur, sondern sind auch selbst leicht manipulierbar. Allerdings ist es nicht sinnvoll, dies auszunutzen, auch wenn es oft bequem und praktisch erscheinen mag. Aber weil es in die Abhängigkeit führt, gibt es in diesem Spiel am Ende nur Verlierer.

Typus drei

»Man muß etwas sein, um etwas zu machen.«
(JOHANN WOLFGANG VON GOETHE)

»Das Dumme bei einem Rattenrennen ist:
Selbst wenn du gewinnst, bist du noch immer eine Ratte.«
(LILY TOMLIN)

»Wer allen zu sehr bekannt ist, stirbt unbekannt sich selbst.«
(SENECA)

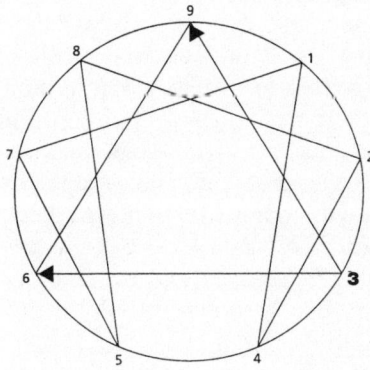

Integration: ▸ 6
Desintegration: → 9

Abbildung 19:
Typus drei, Integration und
Desintegration

Im Verlaufe ihrer Entwicklung haben Dreien für sich die Meinung entwickelt, daß sie nur dann geliebt werden, wenn sie eine bestimmte Leistung erbringen. Ihr Selbstwert mißt sich daran, was sie geleistet oder erreicht haben. Dreien sind es deshalb gewohnt, eine Rolle zu spielen. Dabei ist es für sie entscheidend, wie effektiv und effizient sie sich in der jeweils aktuellen Rolle präsentieren. Erfolg ist das zentrale Leitmotiv. Weil sie Mißerfolg um jeden Preis vermeiden wollen, suchen sie sich wann immer möglich nur Aufgaben aus, die auch Erfolg versprechen. Erfolg gibt ihnen das Gefühl, gut und wertvoll zu sein. Das Schwierigste ist es, Versagen, Mißerfolg und Scheitern zu erleben. Dreien neigen sogar dazu, gescheiterte Projekte so zu kommentieren, daß diese aussehen wie Erfolge. Für Erfolg und Prestige sind Dreien bereit alles einzusetzen und zu geben. Selbstverständlich verlangen sie dies auch von anderen. Fehler, Unzulänglichkeiten oder Leistungsschwäche können sie nur schwer akzeptieren. Weil ihnen ihr Image in der Öffentlichkeit außerordentlich wichtig ist, haben sie eine Tendenz zur Intoleranz gegenüber jeder Form von Untüchtigkeit und Inkompetenz.

Obwohl Dreien zu starken Gefühlen fähig sind, führt ihre Sucht nach Erfolg dazu, daß sie ihre Gefühle vernachlässigen und kaum mehr einen Zugang dazu haben. Sie haben vor allem eine Rolle zu spielen, mit der sie sich so stark identifizieren, daß sie vollkommen damit beschäftigt sind, jene Aktivitäten und Eigenschaften zu pflegen, von denen sie annehmen dürfen, daß sie den meisten Beifall finden. Im Umgang mit anderen neigen sie deshalb rasch dazu, diese zu manipulieren und sie als bloße Werkzeuge für ihren eigenen Erfolg zu gebrauchen. Sie erwarten dann Lob und Anerkennung für ihre Leistung. Wie Zweien tendieren sie dazu, andere zu funktionalisieren. Da Dreien über große Energie verfügen, legen sie meist ein hohes Tempo vor, das für andere Menschen oft zu schnell ist.

Für andere kann es verletzend sein, wenn sie erfahren müssen, daß Erfolge und Projekte wichtiger sind als Menschen. Dreien sind in der Regel äußerst aktive Menschen und stekken immer voller Tatendrang. Nichtstun verabscheuen sie. Deshalb findet man unter Dreien häufig Workaholics. In einer Kultur, in der Effektivität und Effizienz zentrale Werte darstellen, ist dies auch nicht weiter verwunderlich. In einer solchen Welt erliegen sie noch leichter der Versuchung, mehr zu scheinen und weniger zu sein.

Für Dreien wäre es besonders wichtig, in die Stille zu gehen, einfach da zu sein und nichts zu tun. Nur wenn sie in Kontakt mit sich selbst kommen, können sie aufhören, sich nur nach ihren Leistungen zu bewerten. Wenn Dreien sich in

Richtung Enneagrammpunkt 6 bewegen, finden sie dort den notwendigen Ausgleich. Lernen sie, treu und loyal ihre Arbeit zu tun, können ihre Fähigkeiten voll zur Entfaltung kommen. Dann leisten Dreier wirklich gute Arbeit. Ohne sie würde viel Gutes nicht passieren. Sie sind hervorragend dafür geeignet, eine Aufgabe professionell zu erledigen.

Wenn Dreien ihren Selbstbetrug erkannt haben und zu ihm stehen, bemühen sie sich um Ehrlichkeit, Wahrheit und Integrität. Dann können die anderen auch von ihrer Ziel- und Erfolgsausrichtung profitieren und werden zu eigener Aktivität und zur Zusammenarbeit angeregt. Integrierte Dreien sind in der Regel gute Vorgesetzte, die inspirierend auf ihre Mitarbeiter wirken und ihnen Sicherheit vermitteln. Ihr natürlicher Optimismus kann äußerst anregend wirken. Authentische und wahrhafte Dreien, die sich so geben, wie sie wirklich sind, dienen im besten Sinne als »Ermöglicher«, gerade für Typen, die sich nicht ohne weiteres aus der Dekkung wagen. Als Leader sind sie geeignet, das Potential von Teams und Arbeitsgruppen zu erschließen.

Typus vier

»Was schadet es, wenn man in einem Entenhof geboren ist! Man muß nur in einem Schwanenei gelegen haben.«
(HANS CHRISTIAN ANDERSEN)

»Melancholie ist das Vergnügen, traurig zu sein.«
(VICTOR HUGO)

»Der, der ich sein möchte,
grüßt wehmütig den, der ich bin.«
(CHRISTIAN FRIEDRICH HEBBEL)

Vieren fürchten sich am meisten vor der lähmenden Depression, die mit einem Verlust einhergehen kann. Sie leiden unter der Begrenztheit des Lebens. Ihrem Kummer und

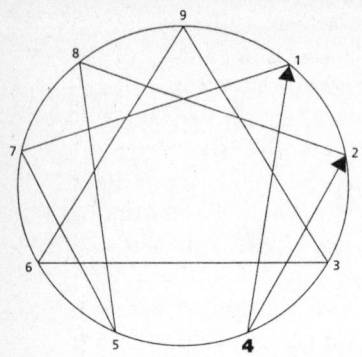

Integration: → 1
Desintegration: → 2

Abbildung 20:
Typus vier, Integration
und Desintegration

ihrer Traurigkeit entfliehen sie in eine Welt der Imagination und Fantasie. Sie wollen um jeden Preis vermeiden, als gewöhnliche Durchschnittsmenschen zu gelten. Die Vier ist von einer tiefen Sehnsucht nach etwas erfüllt, das schöner ist als das, was gerade ist. Vieren empfinden ihre Lebensgeschichte oft als tragisch. Dahinter steht die Erfahrung oder zumindest die Ansicht, als Kind von Eltern oder Bezugspersonen im Stich gelassen worden zu sein. Sie können es sich kaum vorstellen, daß andere auch nur andeutungsweise verstehen, welche Einsamkeit sie durchlitten haben. Deshalb halten sich Vieren gerne für etwas Besonderes.

Sie wirken oft überlegen oder reserviert. Dies hängt damit zusammen, daß sie sich gerne in ihre eigene Welt zurückziehen und fortwährend mit ihren Stimmungen kokettieren. Das gibt ihnen die Energie, die sie zum Leben brauchen. Sie können deshalb auch sehr selbstbezogen wirken.

Manchmal scheinen sie manisch-depressiv, weil sie jede Emotion immer wieder ausprobieren. Indem sie herausfinden, wie sich Traurigkeit oder Ekstase anfühlen, versuchen sie, Kontakt zur Wirklichkeit herzustellen. Die jeweiligen Gefühle sind dann für sie sehr real.

Weil für Vieren das Symbol identisch ist mit dem Inhalt, ist das Symbol immer aufregender als die Wirklichkeit. Das macht sie zu etwas »Besonderem«. Sie genießen es, etwas

Besonderes zu sein. Das drückt sich unter anderem in ihrer Körpersprache oder auch in der Art und Weise aus, wie sie sich kleiden. Vornehmheit, eleganter Lebensstil oder kultiviertes Benehmen sind bei Vieren häufig zu finden.

Weil Vieren große Angst vor Verlusten haben und in der Einsamkeit des Besondersseins gefangen sind, haben sie es schwer, engere Beziehungen einzugehen. Totales Engagement vermeiden sie diesbezüglich. Sie brauchen den anderen bevorzugt als »Spiegel«, durch den sie erfahren können, wer sie wirklich sind. Obwohl dies für Beziehungspartner zunächst sehr attraktiv sein kann, weil sie selbst Aufmerksamkeit und Zuwendung erhalten, werden sie eines Tages enttäuscht sein, wenn sie feststellen, daß die ihnen entgegengebrachte Aufmerksamkeit nicht wirklich ihnen gilt.

Vieren müssen auf ihrem Weg der Integration anfangen, damit aufzuhören, von der eigenen Exklusivität fasziniert zu sein. Sie können lernen, ihre Kreativität zu nutzen, um das Besondere in anderen Menschen zu erkennen und auch herauszulocken. Für sich müssen sie den Mut zum Gewöhnlichsein aufbringen. Es geht darum, Sinn für die Wirklichkeit des Alltags zu entwickeln. Im Blick auf Enneagrammpunkt 1 können sie den Verlust des Realitätsbezuges durch echte Werte anstelle unechter Gefühle ausgleichen. Die Welt der Werte, Normen, Systeme und Strukturen von Typus Eins können ihnen die notwendige Sicherheit geben, um eine wirkliche Beziehung zur Realität aufzubauen und diese auch zu behalten.

Integrierte Vieren sind anziehende Persönlichkeiten. Sie verfügen über eine hohe Sensibilität, die anderen oft fehlt. Durch ihr Gespür für das Schöne, das Geschmack- und Kunstvolle, können sie das Leben ungeheuer bereichern und anregen. Sie verfügen über eine hohe Sensibilität. Andere fühlen sich von ihnen verstanden und wahrgenommen. Weil für Vieren die Individualität jedes einzelnen Menschen besonders wichtig ist, ermöglichen sie es anderen, den eigenen Weg zu finden und zu gehen. In Gruppen helfen sie, Räume zu öffnen, so daß alle ihren ureigensten Beitrag liefern können.

Typus fünf

»Zwei werden nicht satt:
wer Wissen und wer Reichtum sucht.«

(ARABISCHE WEISHEIT)

»Wer alles durchschaut, sieht nichts mehr.«

(C. S. LEWIS)

»Vertrauen ist eine Oase im Herzen,
die von der Karawane des Denkens nie erreicht wird.«

(KHALIL GIBRAN)

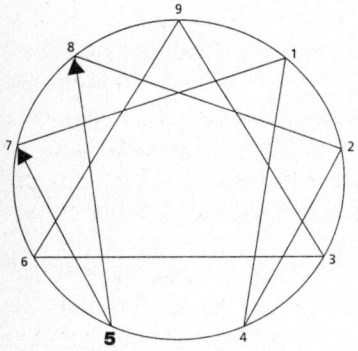

Integration: → 8
Desintegration: → 7

Abbildung 21:
Typus fünf, Integration und
Desintegration

Fünfen haben in ihrer Kindheit oft ungenügenden Kontakt mit ihrer Mutter gehabt oder die Erfahrung gemacht, von ihren Eltern zu oft allein gelassen worden zu sein. Darauf gründet ihre Meinung, daß von anderen Menschen eine diffuse Bedrohung für sie ausgehe.

Sie haben meist ein tiefes Gefühl von innerer Leere, das sie auf jeden Fall vermeiden möchten. Diese Leere versuchen sie auf dem Weg über den Verstand zu füllen. Weil sie Sicherheit durch Verstehen und Erklärungen finden, ziehen sie sich gerne von anderen zurück, um nachzudenken, Zusammenhänge zu entdecken und Wissen anzusammeln. Fünfen neigen dazu, Abstand vom Leben zu halten. Sie sind die geborenen Beobachter. Nur ungern lassen sie sich als Teilnehmer auf die Wirklichkeit des Lebens ein. Sie ziehen es vor, sich möglichst unauffällig zu verhalten und unbemerkt zu bleiben. Dies gibt ihnen die Möglichkeit, ungestört den eigenen Interessen nachzugehen. Um sich nicht engagieren zu müssen, beschränken sie ihre persönlichen Bedürfnisse auf ein Minimum.

Überblick und Kontrolle stellen für sie zentrale Werte dar. Gefühle und spontane Reaktionen sind ihnen unangenehm, deshalb nehmen sie eine Situation zunächst mit dem Kopf auf. Sie wissen während eines Ereignisses oft gar nicht, welche Gefühle sie dabei haben. Das läßt sie im Kontakt zuweilen zurückgezogen, unverbindlich und reserviert erscheinen. Ein Grundproblem der Fünf ist der Geiz. Fünfen geizen mit ihrer Zeit und ihrem Wissen. Weil ihnen ihr Privatleben sehr wichtig ist, gehen sie nicht gerne soziale Verpflichtungen ein, denn dies würde bedeuten, daß sie Zeit verlieren, die sie brauchen, um der inneren Leere zu entgehen. Sie benötigen diese Zeit, um sich gründlich und umfassend über einen Sachverhalt kundig zu machen. Erst wenn sie eine Sache ausreichend erforscht und durchdacht haben, sind sie bereit, anderen etwas von ihrem Wissen mitzuteilen.

Ihr Verhalten in Beziehungen ist durch Rückzug gekennzeichnet, ihr typisches Kontaktverhalten durch Distanz. So wollen sie sich die anderen vom Leibe halten. Eine distanzierte und scharf beobachtende Fünf wirkt für viele Menschen als sehr verunsichernd. Sie wissen nicht recht, woran sie mit ihr sind, fühlen sich auf der anderen Seite auch durchschaut.

Für Fünfen wäre es wichtig, vom Wissenden zum Weisen zu werden. Dies geschieht durch die Integration von Kopf, Herz und Bauch. Durch die Entwicklung in Richtung Enneagrammpunkt 8 können sie lernen, vom Beobachter zum Handelnden zu werden. Ihre Beobachtungs- und Reflexionsfähigkeit kann sie dann zu wirklich Lehrenden machen, weil sie nicht an den eigenen Vorstellungen hängen bleiben, sondern fähig sind, sich von ihnen zu lösen. Da für sie das Leben voller Sinn und Bedeutung ist, können sie anderen tiefere Zusammenhänge verdeutlichen.

Integrierte Fünfen verfügen über eine nicht vorverurteilende Einstellung dem Leben und den Menschen gegenüber. Durch ihre Gründlichkeit, einen Sachverhalt zu erforschen, besitzen sie ein kompetentes Urteil, das dazu beiträgt, Probleme sachgerecht zu bewältigen. Wenn sich Fünfen auf ihren Integrationspunkt, die 8, zubewegen, sind sie in der Lage, ihr angehäuftes Wissen produktiv für sich und andere zu nutzen. Statt sich zurückzuziehen, beginnen sie ihre Fähigkeiten im konkreten Leben zu erproben. Daraus erwächst ihnen auch die unerschütterliche Selbstsicherheit, welche integrierte Fünfen kennzeichnet. Gerade in emotional schwierigen Situationen kann eine Fünf die Ruhe bewahren und helfen, die nötige Distanz zu den Dingen zu finden, um Krisen und Probleme zu bewältigen. In Arbeits- und Problemlösungsgruppen kann sie durch ihre Beobachtungen, ihr scharfes und logisches Denken und die daraus resultierenden Schlußfolgerungen maßgeblich zur Problemlösung beitragen.

Typus sechs

»Wer einen Häuptling an seine Schuhe erinnert,
der wird sie auch holen müssen.«

(INDIANERWEISHEIT)

»Man hat beobachtet, daß bei der Pest und anderen
Ansteckungskrankheiten diejenigen als erste
angesteckt werden, die sich am meisten fürchten.«

(KARL JULIUS WEBER)

»Um ein tadelloses Mitglied einer Schafherde sein
zu können, muß man vor allem ein Schaf sein.«

(ALBERT EINSTEIN)

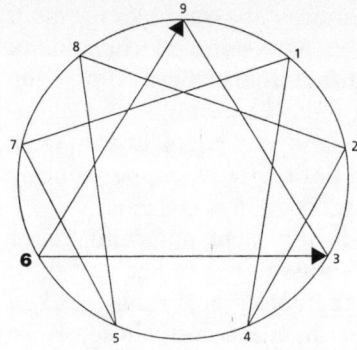

Integration: → 9
Desintegration: → 3

Abbildung 22:
Typus sechs, Integration
und Desintegration

Sechsen leben in ständiger Sorge und Angst. Dahinter steckt die meist sehr frühe Grunderfahrung (oder die Interpretation von Kindheitserfahrungen), daß sie sich nicht selbst vertrauen können. Viele haben ihren Vater als überstreng erlebt. Deshalb verfügen sie über äußerst feine Sensoren, die ihnen mögliche Bedrohungen aus der Umwelt sofort melden. Ihre mangelnde Fähigkeit, sich selbst zu vertrauen, läßt sie beständig nach Autoritäten Ausschau halten, denen sie Vertrauen schenken können. Einer ihrer verinnerlichten Glaubenssätze lautet, daß alle Entscheidungen von äußeren Autoritäten getroffen werden. Deren Anordnungen wollen sie möglichst gewissenhaft nachkommen. Was richtig und was falsch ist, beurteilen Sechsen am liebsten anhand von Vorschriften, Richtlinien und Weisungen. So lange klare Regeln und Gesetze das Leben ordnen, fühlen sie sich relativ sicher und frei. Sie sind – obwohl sie hart arbeiten können – in der Regel keine großen Initiatoren. Am wohlsten fühlen sie sich in großen Organisationen und Bürokratien, wo alles geregelt ist und seine Ordnung hat.
Wahrscheinlich sind Sechsen die am meisten angepaßten Menschen in unserer Gesellschaft. Durch Anpassung finden sie ihre Sicherheit. Ein typisches Beispiel dafür ist Oliver North, der zur Finanzierung der Contras in Nicaragua das Geld der amerikanischen Regierung umgeleitet hat. Bei sei-

nem Prozeß machte er die folgende Aussage: »Wenn mein Vorgesetzter sagt, ich soll einen Kopfstand machen, dann mache ich einen Kopfstand.« Durch übermäßige Anpassung kann sich die Stärke der Sechs – die Loyalität – ins Gegenteil verkehren. Loyalität heißt dann vor allem Loyalität zu einer bestimmten und eindeutig definierten Gruppe, weniger zu einer Sache oder einem übergeordneten Ganzen.

Wenn Entscheidungen anstehen, die nicht aufgrund klarer Vorschriften getroffen werden können, neigen Sechsen dazu auszuweichen. Zu ihren bevorzugten Verzögerungstaktiken gehört es, zu überlegen statt zu handeln. Auf diese Weise versuchen sie, jedem Risiko aus dem Weg zu gehen. Sechsen kämmen ihre Umgebung ständig auf Hinweise ab, die ihnen das innere Gefühl von Bedrohung verständlich machen. Ihr Argwohn gegenüber den anderen und die Angst vor Feindseligkeit macht sie vorsichtig. Wenn die Spannung zu groß wird, können sie aber auch die Flucht nach vorn ergreifen, um so ihre Angst abzuwehren. Mit großem Einsatz bekämpfen sie dann jegliche Opposition gegen sich oder ihre Gruppe. Sie benutzen gewissermaßen die anderen für die Unterdrückung und Vermeidung der eigenen Ängste.

Das grundlegende Mißtrauen, daß sie ihren Beziehungspartnern entgegenbringen, erleben diese oft als Kontrolle. Besonders schwierig kann der schnelle Wechsel zwischen der Suche nach Nähe und der Abwehr von Nähe sein. Kommt es gelegentlich zu massiven Wutausbrüchen, kann dies für die anderen unverständlich und bedrohlich werden.

Ähnlich wie bei der Zwei werden Sechsen von ihrer Umwelt gerne mißbraucht. Es entsteht die gleiche Co-Abhängigkeit. Gerade streng hierarchische Organisationen, Politiker und Militärs nutzen Sechsen häufig aus. Sie bauen auf deren Angst und Bedürfnis zu gehorchen. Diese Co-Abhängigkeit führt langfristig zu schlechten Resultaten für alle Beteiligten. Für Sechsen wäre es nötig, die innere Überzeugung zu entwickeln, daß nichts von außen einen Menschen in den tiefsten Schichten der Persönlichkeit verletzen kann. Durch den Aufbau von Vertrauen und Mut überwinden sie ihre Ängstlichkeit und werden gelassener. In der Entwicklung zu Punkt 9 des Enneagramms finden sie den nötigen Ausgleich. Sie werden lockerer, fröhlicher und können genüßlicher leben.

Integrierte Sechsen sind die mutigen und zuverlässigen Menschen, die unsere Gesellschaft und jedes Unternehmen braucht. Ihre Treue und Loyalität ist dann sprichwörtlich, denn für das, woran sie glauben, setzen sie sich unter allen Umständen und mit ganzer Kraft ein. Auch in schwierigen Zeiten geben sie Menschen oder Ziele, für die sich engagieren, kaum einmal auf.

Sechsen verfügen über ein feines Gespür für Wahrheit und Echtheit. Dies macht ihren Beitrag in Entscheidungsfindungsprozessen und der kritischen Prüfung von Alternativen außerordentlich wertvoll.

Typus sieben

»Sorglos eilen wir in den Abgrund, nach dem wir
etwas vor uns aufgebaut haben,
was uns hindert, ihn zu sehen.«

(BLAISE PASCAL)

»Seid beim Ausführen so eifrig wie beim Planen.«

(2. KORINTHER 8,11)

»Leben ist, was dir passiert, wenn du
andere Pläne machst.«

(JOHN LENNON)

Siebenen haben wahrscheinlich als Kinder einmal die Erfahrung gemacht, daß das, was das Leben positiv und behaglich macht, keine absolut sichere Sache ist. Oft hatten sie bereits als Kinder Angst vor der Dunkelheit. Um dieser Angst zu entgehen, wenden sie sich dem zu, was leicht und farbenfroh ist. Der erlebte Verlust von Glück und Geborgenheit verursacht

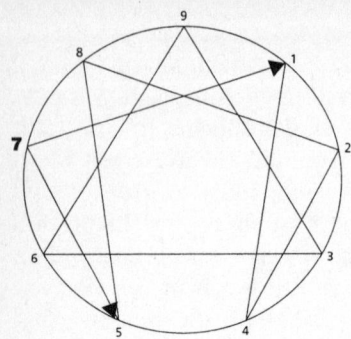

Integration: → 5
Desintegration: → 1

Abbildung 23:
Typus sieben, Integration
und Desintegration

Schmerz. Diesem Schmerz versuchen die Siebenen permanent zu entgehen. Sie sind ständig in Bewegung, getreu dem Motto, daß es schwierig ist, ein sich bewegendes Ziel zu treffen. Um Schmerz zu vermeiden, sind sie den ganzen Tag am Planen. Sie planen eine Zukunft, in der Freude und Spaß maximiert und Schmerz minimiert sind. Ihre vielen Interessen garantieren ihnen, daß weder ein Mensch noch ein Gegenstand je eine solche Bedeutung erlangt, daß ein Verlust sich verheerend auswirken würde. Auf ihrer Flucht vor dem Unangenehmen und schwer Kontrollierbaren im Leben laufen sie Gefahr genußsüchtig zu werden. Durch ihre Überaktivität wollen sie sich in einem beständig angeregten Zustand halten. Sie ziehen liebenswürdiges Geplauder tiefergehenden Kontakten vor. Mit Charme stellen sie aktiv freundschaftliche Kontakte her, um ihre Angst abzuwehren. Damit laufen sie aber auch Gefahr unverbindlich und bindungslos zu bleiben.

In Beziehungen fehlen ihnen Halt und Sicherheit. Um dem Schmerz auszuweichen, vermeiden sie auch in engeren Partnerschaften schwierige und konflikthafte Situationen gern. Partner von Siebenen klagen oft, daß sie sich zu wenig ernst genommen fühlen und daß ihre eigenen Wünsche und Bedürfnisse häufig ohne Echo bleiben.

Optionen, Pläne und Möglichkeiten helfen der Sieben, immer in Bewegung zu bleiben. Sie vergißt dabei aber gerne, daß Pläne auch noch ausgeführt werden müssen. Bei Projekten liebt sie die Anfangs- und Planungsphase und neigt dazu, die endgültige Festlegung und Beendigung hinauszuzögern. Im Kopf ist ja alles bereits erledigt ... Siebenen gelten daher häufig als unzuverlässig. Dies zeigt sich auch darin, daß sie gerne zu spät kommen.

Weil Siebenen zwischen Überlegenheits- und Minderwertigkeitsgefühlen hin- und hergerissen sind, haben sie einen Stil für den Umgang mit Informationen entwickelt, der es ihnen hilft, ihr Selbstwertgefühl zu stabilisieren. Sie verknüpfen und systematisieren Informationen so, daß ihnen bei Verpflichtungen immer ein Hintertürchen offenbleibt. Es ist typisch für Siebenen, daß sie sich bei Schwierigkeiten gerne herausreden. So gehören Winkelzüge zu ihren Strategien. Sie bevorzugen Spontaneität, rutschen gern über schwierige Stellen hinweg und vermeiden so Enttäuschungen. Weil ihr Kopf voller Pläne ist, finden sie sofort andere Möglichkeiten und neue Ideen, auf die sie ausweichen können, wenn sich Probleme zeigen.

Siebenen müssen lernen dazubleiben, sich dem Schwierigen, dem Unangenehmen zu stellen und Schmerz auszuhalten. Nur so beginnen sie im Hier und Jetzt zu leben und gewinnen einen Sinn für Verhältnismäßigkeit. Wenn sie sich auf Punkt 5 zubewegen, finden sie die nötige Ruhe, die sie vor vorschnellem Handeln bewahrt. Auch Tiefgang und Konzentration erhalten sie dort, indem sie lernen innezuhalten, zu beobachten und nachzudenken.

Integrierte Siebenen können das Leben genießen und strahlen einen gesunden und unbeschwerten Optimismus aus, der auch auf andere ansteckend wirkt. Durch ihre Fähigkeit, zu planen und Informationen auf kreative Weise zu verknüpfen, tragen sie viel zu originellen Problemlösungen bei. Sie schaffen es, zwischen anscheinend widersprüchlichen Standpunkten ungewöhnliche Verbindungen und Parallelen herzustellen. In Teams ermöglichen sie durch ihre Zukunftsgerichtetheit, daß die Arbeit vorankommt. Weil sie gerade auch in kritischen Situationen nicht nachtragend sind, geben sie anderen Menschen immer wieder eine Chance.

Typus acht

»Man vergißt vielleicht, wo man die Friedenspfeife
vergraben hat. Aber man vergißt
niemals, wo das Beil liegt.«

(MARK TWAIN)

»Mit einer sehr lauten Stimme im Hals ist man
fast außerstande, feine Sachen zu denken.«

(FRIEDRICH NIETZSCHE)

»Verletzlichkeit ist ein wunderbarer Schutz.«

(GAME OF TRANSFORMATION)

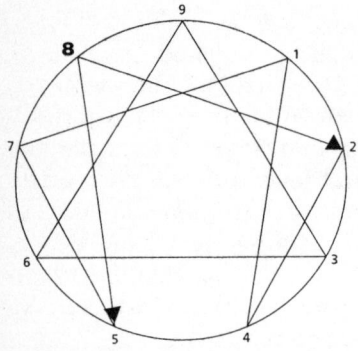

Integration: → 2
Desintegration: → 5

Abbildung 24:
Typus acht, Integration
und Desintegration

Das Selbstbild der Achten ist bestimmt von der Meinung
»Ich bin schlecht«. Das bringt sie dazu, sich auf keinen Fall
verletzen zu lassen. Sie wollen Kontrolle und Selbstbestim-
mung durch emotionale Distanz erhalten. Dazu gehört auch,
daß es ihnen wichtig ist, die Spielregeln selbst zu bestimmen
und sich auf keinen Fall davon bestimmen zu lassen. Das
Leben ist für sie ein Machtkampf, der um jeden Preis gewonnen werden muß. Häufig sind sie überdurchschnittlich
groß. Klein gewachsene Achten erzielen ihre Größenwir-
kung, indem sie ihren Einfluß und sich immer und überall

bemerkbar machen. Sie fühlen sich dann gut und voller Energie, wenn sie ihre Kraft spüren und erleben können. Sie erfahren sie am deutlichsten in der Konfrontation. So ist es nicht verwunderlich, daß Achten oft mit anderen Streit anfangen, wenn sie mit ihnen in Kontakt kommen wollen.

Weil Macht und Kontrolle für Achten sehr wichtig sind, entwerten sie sofort alle, von denen sie annehmen, sie seien ihnen überlegen. Wenn andere ihre Machtposition verteidigen, durchschauen sie dies sofort. Umgekehrt kennen sie keine Hemmungen, ihre Wünsche und Vorstellungen bei anderen durchzusetzen. Menschen, die scheu, zurückgezogen oder zaghaft sind, werden von ihnen verachtet. Mit Menschen, die engagiert sind und sich mit ihnen auseinandersetzen, haben sie gern Umgang. Am besten kooperieren sie mit Menschen, die ihren Standpunkt kraftvoll vertreten können.

Achten haben eine Neigung, die Welt und das Leben schwarz-weiß und ohne Grauzonen zu sehen – stark oder schwach, richtig oder falsch. Um sich sicher zu fühlen, lehnen sie andere Meinungen, die von der eigenen abweichen, kategorisch ab. Für sie gibt es nur eine richtige. Und diese vertreten sie kräftig und wortgewaltig. Dabei können sie auch vulgär werden. Weil sie alles im Griff haben wollen, erkennen sie Schwachpunkte bei anderen mit großer Präzision und nutzen sie aus, wenn es ihnen nützt. Der eigene Besitz, der persönliche Raum, das eigene Territorium werden bewacht und verteidigt.

Ihr Tun ist immer von einer exzessiven Lebensgier bestimmt. Sie kriegen nie genug. Deshalb fehlt ihnen in Beziehungen oft das richtige Gespür. Sie merken gar nicht, was sie mit ihrem Verhalten bei anderen auslösen. Weil ihre bevorzugte Kontaktform Konfrontation und Kampf ist, können sie für andere äußerst anstrengend und ermüdend sein.

Das Zulassen und Annehmen der eigenen Schwäche ist der Reifungsweg der Acht. So lernt sie, Macht angemessen und im Dienste einer Aufgabe oder anderer Menschen auszuüben. Bewegen sich Achten auf ihren Integrationspunkt – 2 – zu, wird ihr Wille zur Macht durch die Wahrnehmung und

Anerkennung der Bedürfnisse der anderen ausgeglichen. An die Stelle von Aggression und Durchsetzen um jeden Preis tritt die Bereitschaft, auf den anderen einzugehen. Sie lernen, sich in den anderen ein- und – wenn es nötig ist – mitzufühlen.

Mut ist eine der Hauptstärken einer integrierten Acht. Daraus erwächst auch ihr starkes Engagement für Gerechtigkeit. Weil sie keine Angst vor Zurückweisung haben, haben sie auch keine Scheu, durch ihren Einsatz für andere benachteiligt zu werden. Sie gehen mit großem Enthusiasmus an alles heran, was sie tun. Wenn es ihnen gelingt, ihre Verletzlichkeit anzunehmen, können sie sich nachhaltig und sachlich durchsetzen und so einen Beitrag für notwendige Veränderungen schaffen. Ihre Affinität zur Macht läßt sie Machtmißbrauch sehr schnell erkennen, und sie sind vital genug, sich diesem wirksam entgegenzustellen.

Krisen stehen sie konsequent durch und wirken gerade in turbulenten Phasen stabilisierend und stützend. Durch ihre hohe Konfliktbereitschaft sorgen sie in Gruppen für faire Auseinandersetzungen, die es auch eher konfliktscheuen Menschen ermöglicht, ihre Anliegen und Bedürfnisse einzubringen. Dies hängt auch mit der Neigung von Achten zusammen, sich für Schwächere einzusetzen und deren Rechte zu verteidigen.

Typus neun

»Wer die ganze Nacht schläft,
hat am Tage Anspruch auf ein wenig Ruhe.«

(AUS KUBA)

»Wünsche nicht, alles zu tun, sondern nur etwas, dann
wirst du zweifellos vieles tun.«

(FRANZ VON SALES)

»Faulpelz: ein Mensch, der sich keine Arbeit damit macht,
sein Nichtstun zu begründen.«

(GABRIEL LAUB)

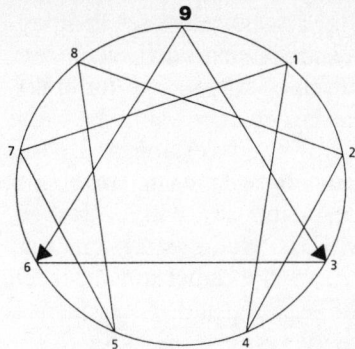

Integration: → 3
Desintegration: → 6

Abbildung 25:
Typus neun, Integration
und Desintegration

Das Muster der Neunen entsteht meist aus der Erfahrung, daß sie von ihren Eltern – vor allem von der Mutter – zu wenig Zuneigung bekommen haben. Bei den Eltern steht oft ein Mangel an Zärtlichkeit oder die Angst vor Verwöhnung dahinter. Als Kinder haben Neunen deshalb den Eindruck, daß sie nicht wichtig genug sind, um geliebt zu werden. Der Glaubenssatz, der ihr Leben bestimmt, heißt »Ich bin unwichtig«. Diese Lebensmaxime führt dazu, daß sie über wenig Energie verfügen. Vordergründig erscheinen sie bei vielen Tätigkeiten und Hobbies überaus aktiv. Dabei haben sie meist große Mühe, Wesentliches von Unwesentlichem zu unterscheiden. Viele ihrer Aktivitäten bleiben ohne Ziel und Zweck. So ist es nicht verwunderlich, daß sie wesentliche Bedürfnisse durch nebensächliche Surrogate ersetzen. Um ihren Energiepegel zu erhöhen, brauchen sie eine Stimulanz. Deshalb neigen sie zu Ansätzen von Sucht, zumeist in Form von leichter Nikotin-, Kaffee- oder Alkoholabhängigkeit.
Neunen wollen als einfach im Umgang gelten. Deshalb haben sie große Probleme, einen persönlichen Standpunkt einzunehmen. Weil sie starke Angst vor Streit und Konflikten haben, können sie sehr leicht die Position anderer wahrnehmen und unterstützen. Am besten fühlen sich Neunen, wenn in ihrer Umgebung Frieden und Harmonie herrschen. Um Harmonie zu erreichen, spielen sie Konflikte herunter

oder weigern sich schlicht, ein objektiv bestehendes Problem zu sehen. Aus diesem Grund regen sie sich auch nicht gern auf. Daher leiden sie oft an »Aufschieberitis«, sind unpünktlich oder vergessen Termine. Sie bevorzugen Aufgaben, die keine großen Entscheidungen von ihnen verlangen. In Beziehungen sind sie ihren Partnern oft zu langsam. Ihre Entscheidungsschwäche kann andere auf die Palme treiben. Doch sobald sie Druck spürt, wird die Neun »störrisch« und zieht sich noch mehr in sich zurück. Die dabei unweigerlich entstehenden Konflikte versucht sie aufgrund ihres Harmoniebedürfnisses zu umgehen und zu vermeiden.

Wenn eine Neun einmal wirklich weiß, was sie will, setzt sie diese Entscheidung durch, koste es, was es wolle. Ihre unterdrückte Wut findet dann in ihrer Sturheit ein Ventil.

Die wichtige Aufgabe für eine Neun besteht darin, sich selbst ernster zu nehmen. Sie muß lernen, nein zu sagen und ihre Unschlüssigkeit zu überwinden. Dies geschieht, indem sie sich auf ihren Integrationspunkt – 3 – zubewegt. Ihre Faul- und Trägheit überwindet sie durch Effektivität und Effizienz, ihre Ziel- und Interesselosigkeit durch die aktive Gestaltung des eigenen Lebens und indem sie Lust an der Arbeit entwickelt.

Wenn Neunen lernen, ihre Energie auf ein Ziel auszurichten, können sie viel bewirken. Ihre Fähigkeit zum echten Zuhören hilft anderen, zur inneren Ruhe zu finden. Ihr Einfühlungsvermögen ermöglicht es den anderen, Probleme in einer neuen Perspektive zu sehen und so eigene Lösungen zu finden. Neunen sind die Vermittler par excellence, weil sie sich leicht in die verschiedenen Standpunkte hineinversetzen können und durch ihre Wertschätzung zu einem Klima beitragen, das hilft, auch schwierige Konflikte zu bereinigen. Sie haben dabei keine heimlichen Absichten und können bei anderen durch ihre Glaubwürdigkeit viel bewegen. Als geborene Friedensstifter sind sie optimale Konfliktmanager. Sie sorgen dafür, daß sich Konfliktpartner erst einmal zusammensetzen und die unterschiedlichen Standpunkte ausdiskutieren. Oft wirkt allein ihre Anwesenheit beruhigend auf Konfliktpartner.

Typus eins

>>Ein Übel ist der Zwang, aber es besteht kein Zwang,
unter Zwang zu leben.<<

(EPIKUR)

>>Ich haben einen ganz einfachen Geschmack, ich bin
immer mit dem Besten zufrieden.<<

(OSCAR WILDE)

>>Ich verbrenne an meinem eigenen Maßstab.<<

CHRISTIAN MORGENSTERN

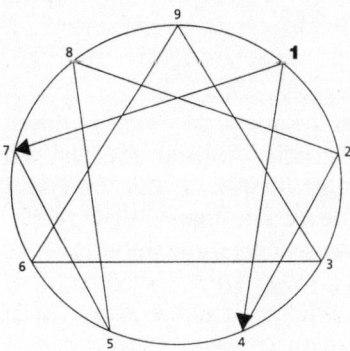

Integration: → 7
Desintegration: → 4

Abbildung 26:
Typus eins, Integration
und Desintegration

Einsen richten ihre Energie darauf aus herauszufinden, welche Spielregeln gelten. Sie wollen ganze Arbeit leisten, um Zustimmung, Liebe und Anerkennung zu bekommen. Im Laufe der frühkindlichen Erfahrung haben sie die Meinung aufgebaut, daß sie nur dann liebenswert seien, wenn sie perfekt sind. Sie sind der festen Überzeugung, daß sie das Recht, geliebt zu werden, verdienen müssen. Nach ihrem Konzept ist es praktisch unmöglich, daß Unvollkommenes und Fehlerhaftes auch Liebe verdient.

Für eine Eins ist es wichtig, auch die anderen beurteilen zu können, damit sie ihre Beziehung zu ihnen definieren kann.

Gegen sich selbst ist sie äußerst streng. Sie verfügt über einen ausgeprägten inneren Kritiker. Ständig sind Einsen auf der Suche nach möglichen Fehlern und Unvollkommenheiten. Sie haben eine starke Tendenz, ihr vergangenes und gegenwärtiges Verhalten laufend daraufhin zu überprüfen, ob das, was sie getan haben, richtig oder falsch war. Was nicht ihren hohen Anforderungen genügt, irritiert sie fortwährend. Das führt zu einem ständigen unterschwelligen Ärger und Groll. Oft haben andere den Eindruck, daß Einsen ständig unzufrieden sind. Aus der Angst heraus, Fehler zu begehen, sind sie durchweg zwanghaft besorgt, wenn sie Entscheidungen treffen sollen. Bedürfnisse und Wünsche, die im Widerspruch zu als korrekt empfundenen Normen stehen, bringen sie in große Bedrängnis. Entscheidungen treffen sie lieber erst, wenn auch das letzte Detail einer genauen Prüfung standgehalten hat.

Weil Zorn, Ärger und Wut nicht ihren anerkannten Normen entsprechen, werden sie unterdrückt. Einsen ärgern sich höchstens über die Unvollkommenheit der anderen Menschen und der Welt. Es handelt sich um eine selbstgerechte Verlagerung des Ärgers auf scheinbar legitime äußere Ziele, Ideale und Werte. Die nicht erkannte Wut führt dazu, daß sie schnell Urteile fällen. Sie verleugnen ihren Ärger, weil sie fehlerlos und perfekt sein wollen.

Einsen setzen alles daran, Perfektion bei sich und anderen zu verwirklichen. Dieser Perfektionismus führt leicht zum Besserwissertum, was sie in Beziehungen sehr unangenehm werden läßt. Durch ihre emotionale Distanz gelten sie als überlegen und lösen bei anderen Angst aus.

Der erste Schritt zur Integration bestünde für Einsen darin, sich ihre wahren Gefühle und ihre eigene Sicht der Wirklichkeit bewußt zu machen. Doch dabei stehen ihnen ihre internalisierten Gebote und Normen im Wege. Deshalb müssen sie lernen, auf Urteile, vor allem moralische Urteile, zu verzichten. Dazu gehört auch, daß sie anstelle einer Alles-oder-nichts-Haltung eine Sowohl-als-auch-Haltung entwikkeln. Wenn sich Einsen an der Sieben orientieren, wird ihre Rigidität und Starrheit aufgelockert. An die Stelle von Strenge und Perfektion treten Leichtigkeit und Lebensfreude. Dadurch gelingt es ihnen, ihren unterschwelligen Zorn zu überwinden und zu verwandeln. Am Ende dieses Weges kann ihr innerer Friede ihr größtes Potential sein. Eine Eins verfügt dann über einen ausgesprochenen Sinn für Harmonie und Ausgewogenheit.

Die Hinwendung zur lockeren und optimistischen Haltung von Integrationspunkt – 7 – verhindert, daß die Eins ein rechthaberischer Perfektionist und starrer Materialist bleibt oder wird. Integrierte Einsen tragen viel zu qualitativ guten Arbeitsergebnissen bei. Durch ihren Blick für das, was verbessert werden könnte, fordern sie andere heraus, sich auch mehr zu bemühen. Ihre aufrichtige und integre Art schärft den Blick für das wirkliche Problem, das gelöst werden muß. Aufgrund ihrer hohen Moral und Ethik sorgen sie dafür, daß »gute Arbeit« geleistet wird.

Einsen bringen die Dinge auf gesellige und unterhaltsame Weise auf den Punkt. So helfen sie anderen, echte Persönlichkeiten zu werden, wie sie dies auch von sich selbst verlangen.

7.5 Typenübersicht

In den älteren Überlieferungen tragen die einzelnen Typen nur Nummern. Spätere Autoren haben sie mit Begriffen versehen, mit denen sie einen zentralen Aspekt des Musters verdeutlichen wollten. Im folgenden finden Sie eine Synopse der Typenbezeichnungen von verschiedenen Autoren. Im Anschluß daran folgt die tabellarische Darstellung der einzelnen Typen.

Autor/ Typus	Gurdjieff Vollmar	Jaxon-Bear	Riso	Palmer	Hurley-Dobson
1	Unter-nehmer/in	Herrscher/in	Reformer/in	Perfek-tionist/in	Perfek-tionist/in
2	Planer/in	göttliche Mutter	Helfer/in	Geber/in	Helfer/in
3	Magier/in	Magier/in	Macher/in	Dynamiker/in	Gewinner/in
4	Betroffene	Künstler/in	Künstler/in	tragischer Romantiker	Individua-list/in
5	Beobach-ter/in	mystische/r Philosoph/in	Denker/in	Beobach-ter/in	Beobach-ter/in
6	Held/in	Held/in	Loyale/r	Advokat/in des Teufels	Mitstreiter/in
7	Optimist/in	magisches Kind	Vielseitige/r	Epikureer	Träumer/in
8	Vermitt-ler/in	Krieger/in	Führer/in	Boß/in	Kämpfer/in
9	Liebende	Heilige	Fried-liebende	Vermitt-ler/in	Berater/in

7.6 Die einzelnen Typen im Arbeitsprozeß

Die einzelnen Typen können in Teams und Arbeitsgruppen ihren spezifischen Beitrag leisten. Dieser ist um so größer, je mehr sie sich in Richtung Integration der Persönlichkeit entwickeln. Methoden und Instrumente sind nur in dem Maße nützlich, wie es den Beteiligten gelingt, sie lebendig zu gestalten und sinngemäß anzuwenden. Durch ihre spezifische Mitwirkung in einem Prozeß sorgen die einzelnen Typen dafür, daß dieser Prozeß vor allem an kritischen Schnittstellen nicht abbricht.

Typus zwei: Der Geber – Der Helfer – Der Planer

Selbstbild	Ich helfe. Ich bin hilfreich.		
Dilemma	Anpassung der Gefühle an die Interessen anderer, um sich dadurch ihre Beliebtheit zu sichern; Anfällig für Schmeichelei; Spannung zwischen Anpassung und dem Verlangen nach eigenem Gusto zu leben.		
Hauptthemen	Suche nach Anerkennung, eigener Bedeutung in Beziehungen; Stolz: Ringen um persönliche Freiheit; Verwirrung in bezug auf das Erkennen eigener Bedürfnisse; Probleme mit Feindseligkeit und Identität.		
	gesund	durchschnittlich	gestört
Der Typus im Persönlichkeitskontinuum	Selbstlos; altruistisch; kann bedingungslos Liebe geben; ermutigend, großzügig, hilfsbereit.	Überschwenglich, freundlich; voll guter Absichten allem und jedem gegenüber; distanzlos, vereinnahmend, selbstbezogen.	Manipulativ; ich-bezogen; ruft Schuldgefühle hervor; Opfer-Märtyrer-Typ; Hypochondrie; Psychosom.
Abwehrmechanismus	Unterdrückung Verdrängung		
Redestil	schmeichelnd beratend		
Aufmerksamkeitsstil	Ausgerichtet darauf, sich zu ändern, um den Bedürfnissen anderer zu entsprechen. Spürt präzise, wie Anerkennung zu kriegen ist.		
Vermeidung	Bedürftigkeit Bedürfnisse		
Aufgabe	Freiheit Wille		
Tugend	Demut		
	sexuell	sozial	Selbsterhaltung
Subtypen	Verführung; Angriff; Aggression	Ehrgeiz	Privileg »Ich zuerst«

Typus drei: Leistung und Image –
Der Magier – Der Gewinner – Der Statusmensch

Selbstbild	Ich bin erfolgreich. Ich bin effizient.		
Dilemma	Weil sie wegen ihrer Leistungen geschätzt wurden, lernten sie ihre Gefühle abzustellen und ihre Aufmerksamkeit auf die Errichtung des Status zu richten, der ihnen Liebe garantieren würde. Nur Gewinner sind der Liebe wert.		
Hauptthemen	Identifikation mit Errungenschaften und Leistung; Effizienz; Konkurrenz, Vermeiden von Mißerfolgen; Überzeugung, daß sie geliebt werden, weil sie etwas produzieren, und nicht weil sie sind, wer sie sind; Präsentation eines auf Bestätigung ausgerichteten Images, eine stark profilierte öffentliche Persona; Verwirrung zwischen dem wahren Selbst und den Rolle oder Beruf entsprechenden Charakteristika.		
	gesund	durchschnittlich	gestört
Der Typus im Persönlichkeits- kontinuum	Nonkonformistisch und authentisch; selbstsicher, voller Energie; verkörpert allgemeine bewunderte Eigenschaften	Voller Ehrgeiz um Prestige und Status bemüht: Karriere und Erfolg sind sehr wichtig; pflegt vor allem sein Image; pragmatisch, zielorientiert, tüchtig; narzißtisch, arrogant, exhibitionistisch, anspruchsvoll	Ausbeuterisch und opportunistisch; pathologischer Lügner, unaufrichtig, verschlagen; sadistische, psychopathische Tendenzen, Sabotage, Mord
Abwehr- mechanismus	Identifikation		
Redestil	Propaganda		
Aufmerksam- keitsstil	Ein Aufmerksamkeitsstil, der als konvergentes Denken bezeichnet wird; ein mehrgleisiges Denken, das sich auf ein einziges Ziel richtet.		
Vermeidung	Versagen		
Aufgabe	Revision der Lebensstrategie, um neben d. Gewinnenwollen auch and. Ziele miteinzubeziehen. Sich mit Wahrnehmungen von innen und außen befassen.		
Tugend	Wahrhaftigkeit; Hoffnung		
	sexuell	sozial	Selbsterhaltung
Subtypen	Bild von Männlich- keit/Weiblichkeit	Prestige	Sicherheit

Typus vier: Der Künstler – Der Außergewöhnliche und Sentimentale – Der Betroffene – Der Individualist

Selbstbild	Ich bin einzigartig. Ich erfülle höchste Ansprüche. Ich bin erstklassig.
Dilemma	Heftige Sehnsucht nach Intimität, die aber, wenn sie konkret wird, Angst auslöst. Die Aussicht, glücklich zu werden, versperrt den Zugang zur intensiven Gefühlswelt und beinhaltet das Risiko, sich mit einem gewöhnlichen Leben zufriedenzugeben.
Hauptthemen	Das Gefühl, daß etwas im Leben fehlt. Das Angezogensein vom Entfernten und Unerreichbaren. Das Festhalten an der Melancholie. Suche nach Authentizität. Ziel ist eher Gefühlstiefe als bloßes Glück.

	gesund	durchschnittlich	gestört
Der Typus im Persönlichkeits-kontinuum	Inspirierter, schöpferischer Mensch; offen, persönlich, emotional, aufrichtig, ernst und heiter, gefühlsstark.	Selbstzentriert, introvertiert, stimmungsabhängig, melancholisch; unpraktisch, unproduktiv, kraftlos und affektiert.	Sich selbst und anderen entfremdet, sich selbst im Wege stehen, depressiv, emotionaler Zusammenbruch.

Abwehr-mechanismus	Introjektion; künstlerische Vergeistigung
Redestil	Wehklagen
Aufmerksam-keitsstil	Ein »Drücken-ziehen-Aufmerksamkeitsstil«. Die Konzentration schwankt zwischen den negativen Charakterzügen eines Menschen und den positiven Zügen dessen, was fern und schwer zu bekommen ist.
Vermeidung	Sich verloren fühlen
Aufgabe	Risikobereitschaft, Zuneigung und Sorge zu empfinden. Lernen in ihren Beziehungen Befriedigung zu finden, indem sie sowohl das Gute als auch das Schlechte sehen.
Tugend	Gleichmut; Zufriedenheit

	sexuell	sozial	Selbsterhaltung
Subtypen	Konkurrenz/ Haß	fühlt Scham	unerschrocken, unbekümmert

Typus fünf: Der Denker – Der Beobachter – Die zurückgezogene Persönlichkeit

Selbstbild	Ich habe ein geschärftes Wahrnehmungsvermögen. Ich blicke durch.
Dilemma	Analytisches Wissen als Ersatz für emotionale Erfahrung: Angst vor dem Fühlen. Überbewertung der Selbstkontrolle, verzögerte Emotionen. Spannung zwischen geselligem und feindlichem Verhalten.
Hauptthemen	Segmentierung: Die Verpflichtungen im Leben bleiben voneinander getrennt. Eine Schublade pro Bindung. Zeitlimit für jede Schublade. Interesse für Spezialwissen u. analytische Systeme, die erklären, wie Menschen funktionieren.

Der Typus im Persönlichkeits- kontinuum	gesund	durchschnittlich	gestört
	Konzentration, geistige Vertiefung; Wissen und Weisheit; erfinderisch, originelle Ideen.	Analytisch, spezialisiert; unvoreingenommen; kann reduktionistisch werden; stülpt allem seine Ideen über; extremistisch.	Sehr zurückgezogen, von der Realität isoliert; wehrt sich gegen Bindung an andere Menschen.

Abwehr- mechanismus	Isolation, Abkapselung Rückzug, Segmentierung
Redestil	Abhandlung; erklärend, systematisierend
Aufmerksam- keitsstil	Friert in der distanzierten Haltung ein, um ein beängstigendes Ereignis zu beobachten und die Aufmerksamkeit von den Gefühlen abzuspalten. Fähigkeit sich von der Betroffenheit über einen äußeren Einfluß lösen zu können.
Vermeidung	Leere Sinnlosigkeit
Aufgabe	Loslassen können; Nicht-Anhaften
Tugend	Weisheit; Wandlung vom Beobachter zum Handelnden

	sexuell	sozial	Selbsterhaltung
Subtypen	Vertraulichkeit Zuversicht	sucht Totems	sucht die Burg (Heim) Zuflucht

Typus sechs: Der Advokat des Teufels – Der Loyale – Die paranoide Persönlichkeit – Der Held – Der Mitstreiter

Selbstbild	Ich tue meine Pflicht. Ich bin loyal. Ich bin treu. Ich bin vorsichtig.
Dilemma	Feigheit oder Flucht nach vorn im Leichtsinn. Sehnsucht nach starker Führung und gleichzeitig Mißtrauen in Autoritäten. Angst vor direkter Wut, dafür diese anderen zuschreiben.
Hauptthemen	Verzögern der Aktion. Denken statt Tun. Gedächtnisschwund in bezug auf Erfolg und Vergnügen. Skeptik und Zweifel. Identifikation mit den Underdogs. Probleme mit Arbeit und dem Zuendeführen von Projekten.

	gesund	durchschnittlich	gestört
Der Typus im Persönlichkeitskontinuum	Selbstbewußt, unabhängig; kooperativ; verläßlich, verantwortungsbewußt.	Pflichtbewußt, Traditionalist und Organisationsmensch; ambivalent, passiv-aggressiv, unentschlossen.	Unsicher, übermäßig anhänglich, voller Selbstverachtung; paranoid; masochistische Tendenzen.

Abwehrmechanismus	Projektion
Redestil	warnend, begrenzend
Aufmerksamkeitsstil	Die Aufmerksamkeit tastet die Umgebung nach Hinweisen ab, um eine Erklärung für das innere Gefühl der Bedrohung zu finden.
Vermeidung	Fehlverhalten
Aufgabe	Festen Mut gewinnen. Überzeugung gewinnen, daß nichts von außen einen im Kern verletzen kann.
Tugend	Mut

	sexuell	sozial	Selbsterhaltung
Subtypen	Stärke Schönheit	Pflicht	Wärme

Typus sieben: Der Vielseitige – Der Epikureer – Die planende Persönlichkeit – Der Optimist – Der Träumer

Selbstbild	Ich bin ein fröhlicher Mensch. Ich sehe nur die Sonnenseiten des Lebens. Ich bin glücklich.		
Dilemma	Spannung zwischen der Realität des Lebens und dem Beharren auf einer idealisierten Realität und der Unfähigkeit, dieser Gestalt zu geben.		
Hauptthemen	Charme als Hauptabwehr. Angsttypen, die auf Menschen zugehen. Sich aus Schwierigkeiten herausreden. Das Bedürfnis nach ständiger Aufregung. Sich zahlreiche Optionen offenhalten.		

	gesund	durchschnittlich	gestört
Der Typus im Persönlichkeits-kontinuum	Empfänglich, achtungsvoll; belastungs-unfähig, lebhaft, munter; praktisch, produktiv.	Weltgewandter Kenner; extrovertiert; unbekümmert, hyperaktiv; Tatmensch, Dilettant; fordernd, ego-zentriert; übersättigt.	Grob, unsensibel; impulsiv, infantil und lästig; Wirklichkeits-flüchtling; sucht-gefährdet; panisch.

Abwehr-mechanismus	Rationalisierung		
Redestil	Geschichten Schwatzhaft		
Aufmerksam-keitsstil	Ein Stil, der Informationen zueinander in Beziehung setzt und sie systematisiert, so daß Verpflichtungen zwangsläufig Hintertürchen und Ersatzlösungen beinhalten.		
Vermeidung	Schmerz		
Aufgabe	Sinn für Verhältnismäßigkeit und Ausgleich entwickeln, der im Jetzt verankert ist.		
Tugend	Nüchternheit		

	sexuell	sozial	Selbsterhaltung
Subtypen	Reizempfäng-lichkeit	Opferbereitschaft	Verteidigung

Typus acht: Der Boß – Der Führer – Der Krieger – Die mißbrauch- treibende Persönlichkeit – Der Vermittler – Der Kämpfer

Selbstbild	Ich kann alles. Ich habe Macht. Ich bin stark.
Dilemma	In der Überzeugung, daß die Starken überleben und die Schwachen nicht, betrachten Achter mehrdeutige Darstellungen, vermischte Botschaften oder unklare Befehlsketten mit tiefen Argwohn. Preis: eigene Gefühle.
Hauptthemen	Kontrolle des persönlichen Besitztums, des persönlichen Raums und der Menschen, die ihr Leben beeinflussen können. Aggression, offener Ausdruck von Zorn. Gerechtigkeit und Schutz anderer.

	gesund	durchschnittlich	gestört
Der Typus im Persönlichkeits- kontinuum	Großmütig, selbstbe- herrscht; voller Selbst- vertrauen und Stärke; entschieden, durchset- zungsfähig, überzeugend.	Voll Unternehmungsgeist; krasser Individualist; klu- ger Geschäftsmann; aggres- siv, expansiv; eigensinnig, kämpferisch.	Diktatorisch, tyran- nisch, grobschlächtig; rachsüchtlg, gewaltig, barbarisch; voller Mordgelüste.

Abwehr- mechanismus	Ablehnung; Leugnung
Redestil	Bevormundend, herausfordernd, demaskierend
Aufmerksam- keitsstil	Ein Alles-oder-nichts-Stil, der dazu neigt, die Dinge extrem bzw. polar zu sehen. Kann dazu führen, eigene Schwäche nicht zu erkennen, andere Standpunkte abzulehnen. Positiv: Machtausübung im Dienste anderer.
Vermeidung	Schwäche
Aufgabe	Die Erkenntnis von Wahrheit und Rechtmäßigkeit in jedem flüchtigen Augenblick der Wirklichkeit. Eingeständnis eigener Schwäche.
Tugend	Unschuld

	sexuell	sozial	Selbsterhaltung
Subtypen	Besitzstreben Hingabe	Freundschaften	Verteidigung

Typus neun: Der Heilige – Der Friedliebende – Der Vermittler Der Liebende – Der Bewahrer

Selbstbild	Ich bin zufrieden. Ich bin gelassen, harmonisch und ausgeglichen.		
Dilemma	Verlieren den Kontakt zu ihren wahren Bedürfnissen, indem sie mit den Wünschen anderer verschmelzen. Nicht Nein sagen können. Verbindung zu den anderen wird erhalten durch Frieden einhalten.		
Hauptthemen	Probleme mit Entscheidungen. Zurückhalten von physischer Energie und Wut. Ersetzen wesentlicher Bedürfnisse durch unwesentliche. Kontrolle durch Sturheit und passive Aggression.		
	gesund	durchschnittlich	gestört
Der Typus im Persönlichkeitskontinuum	Selbstbeherrscht, autonom und erfüllt; optimistisch, unterstützend; gutmütig, bescheiden.	Zurückhaltend, zu stark anpassend; oft unüberlegt, unbekümmert; Problem verharmlosen, fatalistisch und resigniert.	Unterdrückt zuviel; sieht keinen Zusammenhang zwischen Verhalten und Konflikten; desorientiert; Persönlichkeitszerfall.
Abwehrmechanismus	Betäubung		
Redestil	Monoton, abschweifend Saga		
Aufmerksamkeitsstil	Spiegelt die Position anderer wider, deshalb Schwierigkeit, einen eigenen Standpunkt beizubehalten; Fähigkeit, die innere Erfahrung anderer zu erspüren (vgl. Punkt zwei).		
Vermeidung	Konflikt		
Aufgabe	Liebe		
Tugend	Richtiges Handeln Tat		
	sexuell	sozial	Selbsterhaltung
Subtypen	Vereinigung	Partizipation	Appetit

Typus eins: Der Perfektionist – Der Reformer – Der Unternehmer

Selbstbild	Ich habe recht. Ich bin gerecht.		
Dilemma	Spannung zwischen Perfektion und uneingestandenen Bedürfnissen führt zu Groll und Zorn, der wiederum unterdrückt werden muß. Projektion der eigenen Unvollkommenheit auf die Welt.		
Hauptthemen	Innere Maßstäbe der Korrektheit; starke Selbstkritik; Korrektheit; Glaube an ethische und moralische Überlegenheit; Weltverbesserei; Schwierigkeit, eigene Bedürfnisse zu erkennen; Empfindlichkeit gegenüber Kritik ...		
Der Typus im Persönlichkeitskontinuum	gesund	durchschnittlich	gestört
	Weise, umsichtig, tolerant; realistisch und ausgeglichen in seinen Urteilen; hohe ethische Maßstäbe.	Hochherziger Idealist; Anwalt für das Gute; ordentlich und tüchtig, aber unpersönlich; zu stark emotional kontrolliert; moralisierend.	Selbstgerecht; intolerant; unflexibel; streng im Urteil; widersprüchlich; nervöse Zusammenbrüche.
Abwehrmechanismus	Reaktionskontrolle		
Redestil	belehrend, moralisierend; predigen		
Aufmerksamkeitsstil	Auf die Verbesserung von Fehlern gerichtet. »Stell dir vor, wie vollkommen es sein könnte.«		
Vermeidung	Ärger Zorn		
Aufgabe	Wachstum		
Tugend	Gelassenheit, Geduld; heitere Ruhe.		
Subtypen	sexuell	sozial	Selbsterhaltung
	Eifersucht	Unangepaßtheit	Ängstlichkeit Besorgtheit

Typus zwei:
Einfühlungsvermögen, Begeisterungsfähigkeit, hohes Engagement und die Fähigkeit, andere mit ihrer Begeisterung anzustecken sind Qualitäten, die unverzichtbar sind, um einen Prozeß in Gang zu halten.

Typus drei:
Visionäre Ideen entwickeln, andere dafür begeistern und die Ideen nach innen und außen kommunizieren, ist der spezifische Beitrag der Dreien. Durch ihre Tatkraft orientieren sie die Idee nach außen und sorgen für die nötige Energie, um den Prozeß voranzutreiben. Sie können dafür sorgen, daß eine Aufgabe praktisch angegangen und so konkret gestaltet wird, daß die Energie und Freude auf die Umsetzung gerichtet wird.

Typus vier:
Durch ihre Kreativität, ihre Begabung zur Visualisierung und ihre Wahrnehmung von Widersprüchen helfen Vieren mit, daß Ideen und Strategien konsistent und plastisch ausgestaltet werden. Sie tragen wesentlich dazu bei, daß die schöpferischen Phasen eines Prozesses gelingen und gute Teilresultate erzielt werden.

Typus fünf:
Mit ihrem analytischen Scharfblick und der Fähigkeit, die verschiedensten Aspekte eines Problems einzubringen, sorgen Fünfen für den nötigen Tiefgang und die Qualität der Arbeit. Gerade weil sie alles gut beobachten, aufnehmen und in komplexe Zusammenhänge zu stellen vermögen, garantieren sie, daß später keine unnötigen Frustrationen und Kosten aufgrund voreiliger Entscheide und Beschlüsse entstehen.

Typus sechs:
Vorsicht und Genauigkeit der Sechsen tragen dazu bei, daß Ideen und Lösungsansätze sorgfältig überprüft werden. Durch ihr kritisches Hinterfragen schaffen sie die Voraussetzungen für eine vertiefte Auseinandersetzung, die es allen

Beteiligten ermöglicht, sich mit gefällten Entscheidungen und Beschlüssen zu identifizieren. So leisten die Sechsen einen wesentlichen Beitrag dazu, daß ein Prozeß auch in kritischen Phasen von allen mit- und durchgetragen wird.

Typus sieben:
Durch ihre Aktivität und Experimentierfreude sorgt die Sieben dafür, daß sich ein Team nicht vorschnell auf eine Idee festlegt. Es ist wichtig für sie, Alternativen zu erarbeiten und deren verschiedene Vor- und Nachteile abzuwägen. Weil sie die Dinge aus verschiedenen Blickwinkeln betrachten, helfen Siebenen dabei, daß sich Ideen durch neue Erfahrungen und Überlegungen weiterentwickeln können.

Typus acht:
Die Acht liebt keine Halbheiten und faulen Kompromisse. Sie besitzt die nötige Entschlossenheit und Durchschlagskraft, etwas richtig Neues zu wagen. Da Achten meistens über große Autorität verfügen, gelingt es ihnen, auch die anderen Mitglieder zu ermutigen, einen großen Schritt zu tun. Sie stellen gewissermaßen die vorwärtstreibende Kraft im Prozeß dar.

Typus neun:
Neunen sind durch ihre Fähigkeit, die verschiedensten Standpunkte und Ideen zu verstehen, besonders in der Lage, den Blick übers Ziel hinaus zu lenken. Weil sie integrierend wirken, vertreten sie auch kaum Einzelinteressen, sondern werden sozusagen zum Protagonisten des Prozesses schlechthin.

Typus eins:
Mit ihrer präzisen und konsequenten Haltung sind Einsen dafür prädestiniert, einen Prozeß in Gang zu bringen. Durch ihren Ideenreichtum gelingt es ihnen, Vorstellungen über die zu erreichenden Ergebnisse in Gang zu setzen. Sie sorgen aber auch dafür, daß durch feste Maßstäbe und Spielregeln ein Prozeß nicht bereits schon in der Anfangsphase gestört wird oder stagniert.

Die individuellen Prozeßfähigkeiten der einzelnen Typen zeigen,

»daß alle Persönlichkeitstypen etwas miteinander zu tun haben und jedem eine besondere Aufgabe zufällt, die nur er lösen kann, um die Vorwärtsbewegung des Prozesses in Gang zu halten. Jeder für sich allein träte ratlos auf der Stelle, denn es bedarf der Qualifikationen aller neun Typen, um Schöpferisches zu leisten.« (Hauser 1995)

7.7 Wie man seinen Typ bestimmt

Wie bei den meisten alten Weisheitslehren und Systemen spielte bei der Arbeit mit dem Enneagramm das Meister-Schüler-Verhältnis eine zentrale Rolle. Das Enneagramm wurde früher nur mündlich überliefert. Nie erklärte der Meister dem Schüler das ganze Enneagramm. Um Mißbrauch zu verhindern, wurden nur jene Aspekte verwendet, die für den Schüler Bedeutung hatten.
Heute ist das Enneagramm allgemein zugänglich. Jeder kann sich damit befassen, kann es kennenlernen. Auch in der heutigen Form der Meister-Schüler-Beziehung – nämlich in der Beratungs- oder Therapiesituation – kann und wird mit dem Enneagramm gearbeitet. In diesem Dialog läßt sich mit verschiedensten Methoden der jeweilige Typus herausfiltern. Wenn Berater und Klient gut kooperieren, dürfte dies nach wie vor eine nachhaltig wirksame Form der Enneagrammarbeit darstellen. Im Coaching von Führungskräften lassen sich damit gute Ergebnisse erzielen, vor allem in bezug auf das Selbstbild, die eigenen Möglichkeiten im Sinne der Potentialerschließung und des entspannteren Umgangs mit Mitarbeitenden anderer Strickmuster.

Eine besonders spannende und ergiebige Form der Enneagrammarbeit stellt die Erarbeitung des jeweiligen Typus in einer Gruppe dar. Durch Übungen, Gespräche und Reflexion lassen sich die individuellen Wahrnehmungs-, Denk-,

Fühl- und Verhaltensstile herausarbeiten. Das Potential der Gruppe ermöglicht es jedem, sich selbst vertiefter kennenzulernen. Assoziationen und Feedbacks der übrigen Gruppenmitglieder erschließen die verschiedensten Aspekte eines bestimmten Typus in seiner jeweiligen Erscheinungsweise. Auf diesem Wege erleben alle Mitglieder einer Gruppe die einzelnen Typen mit ihrer Energie in den unterschiedlichsten individuellen Ausprägungen.

Weil es sich beim Enneagramm um eine dynamische Typologie handelt, kann es, wie gesagt, niemals allein aus Büchern erlernt werden. Bücher vermitteln das Grundlagenwissen und regen einen persönlichen Prozeß der Selbstbegegnung und -auseinandersetzung an. Das vertiefte Verständnis erwächst aber immer in der dialogischen Begegnung mit einem Menschen oder in einer Gruppe von Menschen.

Die Erarbeitung des Enneagrammtypus in der Einzel- und Gruppenarbeit

1. Herausarbeiten der Wahrnehmungs-, Denk-, Fühl- und Verhaltensstile anhand aktueller Problem- und Konfliktsituationen.
2. Beschreibung der Beziehung zu den Eltern.
3. Analyse und Bearbeitung von Kindheitserinnerungen zur Beschreibung des Charaktermusters und der Charakterfixierungen.
4. Erarbeitung der eigenen Biographie hinsichtlich der sozialen Beziehungen; Beschreibung der typischen und wiederkehrenden Beziehungsmuster.
5. Formulieren der gültigen Werte, Maximen und Glaubenssätze.
6. Beschreibung des Verhaltens- und Redestils in der aktuellen Beratungssituation; Feedback.

Anhand der gesammelten Daten wird der »rote Faden«, die Charakterstruktur, herausgearbeitet. Dies ergibt das »Strick-

151

muster« oder den entsprechenden Enneagrammtypus. Dabei sind besonders Selbstbild, Streßverhalten, Lebensdilemma und Art und Weise von Abwehr, Widerstand und Vermeidung herauszuarbeiten.

Methodisch stehen verschiedene Wege zur Verfügung: Gespräch, Arbeit mit Fragebögen, schriftliche Reflexionen, geführte Erinnerungen, Malen und so fort.

Innere Achtsamkeit

Um möglichst großen Nutzen aus dem Prozeß in einer Gruppe oder in der Einzelberatung zu ziehen, ist eine große *innere Achtsamkeit* notwendig. Sie ist wahrscheinlich *die* Voraussetzung für persönliches Wachstum überhaupt. Innere Achtsamkeit läßt sich durch verschiedene Übungen entwickeln:

Übung 1: Schweigen

Nehmen Sie eine bequeme Sitzhaltung ein, und schließen Sie die Augen. Versuchen Sie jetzt etwa zehn Minuten lang Schweigen zu bewahren. Seien Sie still, so still wie nur möglich – versuchen Sie ein Schweigen des Herzens und der Gedanken zu erreichen. Wenn Sie soweit sind, öffnen Sie sich den verschiedenen Offenbarungen des Schweigens.

Nach etwa zehn Minuten machen Sie die Augen auf. Lassen Sie das Schweigen noch eine Weile nachklingen.

Nehmen Sie sich zu Beginn der Übung vor, daß Sie das Schweigen nach zehn Minuten beenden. Mit einiger Praxis werden Sie ein genaues inneres Gefühl für die von Ihnen gewählte Übungszeit bekommen.

Wenn Sie mit der Übung vertraut sind, können Sie die Dauer langsam ausdehnen – bis zu dreißig oder vierzig Minuten. (Nach DeMello 1987)

Übung 2: Stille des Leibes – Stille im Leib

Diese Übungsform kann im Stehen, Sitzen oder Liegen praktiziert werden. Entscheidend ist dabei die totale Unbeweglichkeit des Leibes. Das klingt sehr einfach, ist aber – zumindest am Anfang – sehr schwierig. Zehn Minuten zu sitzen, zu stehen oder zu liegen, ohne sich auch nur ein wenig zu bewegen, will gelernt sein. Wer es lernt und schließlich vielleicht dreißig Minuten durchhält, wird erfahren, daß in der totalen Unbewegtheit des Leibes eine geheimnisvolle, dynamische Kraft lebendig wird. Je länger man es aushält, desto umfassendere innere Ordnung bringt sie hervor, die nicht nur physischen Charakter hat und zu einer tiefen Harmonie führt. Nicht nur der Körper, sondern der ganze Mensch als Leib findet sich hier in die ihm gemäße Form und schafft damit eine Grundbedingung für die Möglichkeit des Innewerdens der tiefsten Seinsschichten. (Nach Dürckheim 1981.)

»Wenn Manager die richtigen Sachen falsch machen oder die falschen Sachen richtig machen, dann ist eine Störung im Unternehmen vorprogrammiert. Managen heißt, beides in Balance zu halten. Um die richtigen Sachen letztendlich richtig zu machen, ist es nötig, die extremen Positionen des ›richtig‹ und des ›falsch‹ zu kennen. Die Übung des ›Sitzens in Stille‹ macht mit diesen extremen Positionen vertraut. Hart sein in der Sache – und weich und flexibel im Umgang mit Menschen, das ist das Geheimnis der unauffälligen Weltmeister im Management.« (Joschke/Stemmann 1995)

Übung 3: Selbsterinnerung und Selbstbeobachtung

Durch diese Übung lernen Sie, sich selbst systematisch zu beobachten. Sie bleiben dabei Ihrer selbst bewußt und nehmen zugleich die Außenwelt wahr. Sie entwickeln die Fähigkeit zu spüren, auf welche Art Sie Impulse aus der Außenwelt aufnehmen und verarbeiten.

Dieser bewußten Haltung der Selbsterinnerung kann man sich auf folgende Weise annähern:

– Setzen Sie sich völlig bewegungslos auf einen Hocker (vgl. *Stille des Leibes*).
– Die Füße stehen fest auf dem Boden, die Augen halten Sie geschlossen.

153

- Kopf, Nacken und Wirbelsäule bilden eine gerade Linie.
- Entspannen Sie sich, und lassen Sie die Schultern locker fallen. Die Hände legen Sie mit den Handflächen nach unten auf die Oberschenkel.
- Entspannen Sie sich in Ihren Atem hinein – bis Sie tief und regelmäßig atmen.
- Konzentrieren Sie sich auf eine Empfindung im Inneren des Solarplexus, des Herzens und des Kopfes; versuchen Sie dabei achtsam und völlig anwesend zu sein. (Nach Vollmar 1993.)

Übung 4: »Wer bin ich?«

Dies ist eine sehr effektive Übung zur Entwicklung von Bewußtheit. Sie brauchen dafür etwa sechzig Minuten. Sammeln Sie sich, und versuchen Sie den Zustand der inneren Stille zu erlangen. Dann stellen Sie sich die Frage »Wer bin ich?« Wenn Sie eine Antwort gegeben haben, wiederholen Sie die Frage, geben wieder eine Antwort darauf, wiederholen sie wieder usw.

Diese Übung eignet sich auch sehr gut für Gruppen oder Paare. Einer stellt immer wieder die Frage »Wer bist Du?«, der andere gibt jedesmal eine Antwort darauf. Anschließend werden die Rollen getauscht. Nach der Übung kann eine gemeinsame Phase der Stille und des Nachspürens äußerst sinnvoll und hilfreich sein. Je nach Situation und Bedürfnis können anschließend die inneren Erfahrungen ausgetauscht werden.

Wenn Sie die sechzig Minuten annähernd einhalten, ermöglicht Ihnen diese Übung tiefe Eindrücke vom eigenen Inneren und dem anderer Beteiligter.

5. Übung: *Hara* – das Einleben in den rechten Schwerpunkt

Die Grundübung zur Herstellung des rechten Schwerpunktes vollzieht sich in vier Schritten. Sie stehen oder sitzen dabei in aufrechter Haltung.

Schritt 1: Sie lassen sich zu Beginn des Ausatmens in den Schultern los.

Schritt 2: Sie lassen sich am Ende des Ausatmens im Becken nieder.

Schritt 3: Sie schieben den Unterbauch etwas vor (machen aber keinen »dicken Bauch«).

Schritt 4: »Schicken« Sie in den Raum unter dem Nabel etwas Kraft. Anfangs können Sie das so üben, daß Sie eine Faust unter dem Nabel in den Bauch drücken und sie dann mit einem kräftigen Stoß aus der unteren Bauchmuskulatur hinauspressen. Versuchen Sie dabei die immense Kraft zu spüren, die an dieser Stelle vorhanden ist. Wenn Sie danach fest auf den Unterbauch schlagen können, ohne daß es unangenehm ist, sind Sie im *Hara* und nicht umzuwerfen.

Bei dieser Kraft unterhalb des Nabels handelt es sich um mehr als nur physische Kraft. In Asien wird diese Universalkraft mit *Ki* oder *Chi* bezeichnet. Sie unterscheidet sich qualitativ grundsätzlich von der Kraft, die man mit dem Willen »macht«. Es ist eine Kraft, an der man teilhat, doch man kann lernen, sie zuzulassen und einzusetzen.

Das Einleben in den richtigen Schwerpunkt ermöglicht Ihnen einen wirksamen Zugang zu Ihren tiefsten Schichten. Diese Seinserfahrung hilft, Charakterfixierungen zu überwinden, gewissermaßen zu transzendieren.

6. Übung: Assoziative Selbstaufschreibung

Ein besonders wirksamer Weg, um mit seinen Mustern und Fixierungen in Kontakt zu kommen, stellt die »Assoziative Selbstaufschreibung« dar. Dieses Verfahren wurde von E. P. Farrow entwickelt. Farrow geht von der Annahme aus, daß der menschliche Geist so funktioniert, daß nichts Wichtiges verschwindet. Alles, was für eine Person wesentlich ist, taucht früher oder später wieder auf.

Dafür spricht die Erfahrung, daß Menschen, die in ihrem Leben viele existentielle Themen verdrängt haben, mit die-

sen im Laufe ihres Sterbeprozesses konfrontiert werden.
Erst wenn sie solche Themen durchgearbeitet haben, können sie loslassen und sterben. Erfahrungen mit dieser Methode – falls sie über einen längeren Zeitraum regelmäßig
angewendet wird – bestätigen, daß zentrale Themen und
Schwierigkeiten immer wieder auftauchen. In der Psychoanalyse von Sigmund Freud stellt die freie Assoziation eine
wichtige Systematik dar, um zu einem neuen Bewußtsein
über sich selbst zu gelangen. Offensichtlich braucht man
auch keine spezielle Auswertung, da das regelmäßige Asso-
ziieren und Aufschreiben allein seine Wirkung tut.
Um diese Methode anzuwenden, müssen Sie sich ungefähr
für eine Stunde – ohne Ablenkungen und Störungen –
zurückziehen. Wichtig ist, daß sie entspannt und zentriert an
die Arbeit gehen. Als Vorbereitung eignet sich eine der
oben beschriebenen Achtsamkeitsübungen. Im übrigen
brauchen Sie genügend Papier und einen Schreibstift. Beginnen Sie nun, alles aufzuschreiben, was Ihnen in den Sinn
kommt.

»Sie halten den Strom der Gedanken in seiner ganzen Fülle schriftlich fest: Absurdes, Belangloses, Peinliches, Unerhörtes, Unanstän-
diges. Gehen Sie jedem Nebengedanken nach. Immer neue Assozia-
tionszusammenhänge tun sich auf. Notieren Sie sie. [...] Wenn der
Assoziationsfluß während des Schreibens mit einemmal unterbro-
chen wird, sollten Sie auch dies notieren, etwa so: ›Mir fällt nichts
ein.‹ Oft löst genau ein solcher Satz die Blockierung, und es kommen
Gedanken, die es festzuhalten gilt.« (Meueler 1989)

7. Übung: Thematische Erkundung

Eine weitere Übungsmöglichkeit stellt die »Thematische Er-
kundung« dar. Diese Methode eignet sich ausgezeichnet für
die Bewußtmachung von Schattenthemen und deren indivi-
dueller Bedeutung. Sie kann Ihnen helfen, mit dem Muster
Ihres Enneagramms in Kontakt zu kommen.
Sie wählen aus der folgenden Themenliste ein Stichwort aus
und schreiben alles auf, was Ihnen spontan dazu einfällt:

Stolz	Geiz	Wollust
Lüge	Feigheit	Faulheit
Neid	Unersättlichkeit	Zorn (oder andere).

Dann versuchen Sie sich zu erinnern, welches dieser Themen in Ihrer Kindheit wichtig war. Durchstöbern Sie Ihre Biographie unter dem Fokus dieses Begriffs. In welchen Situationen spielte er eine Rolle? Was haben Sie dabei gefühlt und gemacht? Wie haben Sie die anderen an der Situation beteiligten Menschen erlebt? Untersuchen Sie, ob Sie ein Muster erkennen können.

Arbeiten Sie so alle Stichwörter durch. Sie werden vertiefte Erkenntnisse über sich selbst gewinnen. Diese Methode hilft Ihnen außerdem dabei, sich Vergessenes und Verdrängtes wieder bewußt zu machen.

8. Übung: Arbeiten mit dem Tagebuch

Regelmäßige Tagebuchaufzeichnungen können Ihnen Zugänge zu Ihrem Enneagrammtyp und Ihrem Entwicklungsstand erschließen. Lesen Sie frühere Eintragungen durch, und charakterisieren Sie Ihr Verhalten und Ihre Geisteshaltung in ein bis zwei prägnanten Sätzen. Notieren Sie sich dann drei Dinge, die Sie gerne tun, und drei, die sie überhaupt nicht gerne tun. Erforschen Sie nun, was sie an den ersten drei Dingen so lieben und was sie an den anderen drei Dingen ablehnen. Konfrontieren Sie Ihre Beschreibung mit der Beschreibung der Enneagrammtypen.

7.8 Die Entwicklung des eigenen Potentials mit dem Enneagramm

Das Enneagramm ist ein Teil des spirituellen Erbes der Menschheit, das den Prozeß der Selbsttransformation und Veränderung anregt, begleitet und unterstützt. Es kann und darf deshalb auch von keiner psychologischen Schule, Religion oder Konfession vereinnahmt werden. Es ist Modell, Instrument und Symbol zugleich, das den Menschen, die an ernsthafter Persönlichkeitsentfaltung interessiert sind, helfen kann, zu ihrem wahren Wesen vorzudringen und immer mehr zu dem Menschen zu werden, der sie tief in sich sind. Dies ermöglicht Erfahrungen, die über die Grenzen unseres alltäglichen Lebens hinausführen.

»Zwei Aufgaben sind uns gestellt. Die erste liegt im Reinigen des Spiegels der Seele – die Facetten des kristallenen Geistes müssen so rein und klar werden, daß das wahre Licht der Seele durch sie hindurchscheint. Das Enneagramm zeigt uns neun Facetten des Kristalls. Wenn wir diese reinigen, schleifen und polieren, werden neun neue in Erscheinung treten.

Aber an diesen Reinigungsprozeß ist eine zweite Aufgabe gebunden. Es ist die Aufgabe der Seele, sich in einer höheren Dimension des Seins zu kristallisieren. Es ist die Aufgabe der Seele, sich zu veredeln, eine feine und höhere Schwingungsdichte zu erreichen, um sich so zu kristallisieren und auf der nächsten Ebene des Seins bewußt zu werden. [...] Der Prozeß der Kristallisierung erfordert Hingabe, Klarheit und selbst-bewußte Schocks. Das Universum entwickelt Selbst-Bewußtsein nicht unbewußt. Bewußte Aufmerksamkeit und Wahrnehmung sind hierzu nötig. Das Enneagramm bietet uns ein Werkzeug, mit dessen Hilfe wir den Prozeß selbst-bewußter Schocks verstehen können.

Unser Leben auf der Erde ist ein Traum, der sich auf der Bühne von Raum und Zeit manifestiert. Das Leben und unsere Beziehungen sind die Reibungsfläche, durch die sich der Kristall des Geistes veredelt. Wenn wir die Fixierungen der Charaktertypen erlernen, können wir die mythische Form erkennen, die sich in einer leicht deformierten Art manifestiert – deformiert im Sinne von ›nicht vollkommen bewußt‹. Und doch ist darin potentiell die Erleuchtung enthalten. Die Deformierung entfremdeter Kultur kann wie ein Sandkorn wirken, das die Auster genügend irritiert, um sie zu veranlassen, eine Perle zu produzieren. So werden die Perlen der Weisheit für die Ewigkeit geschaffen.« (Jaxon-Bear 1992)

Dem Weg des Enneagramms folgen heißt, Selbsterkenntnis und Selbstfindung zu suchen. Auf diesem Weg müssen Dinge aufgegeben werden, die wir aufgrund unserer Muster und Fixierungen für außerordentlich wichtig hielten. Ein solcher Weg kann nur dann wirklich beschritten werden, wenn wir bereit sind, den Wunden und Verletzungen in unserer Biographie zu begegnen und einen neuen, liebevollen Blick für das zu bekommen, was uns zu dem Menschen gemacht hat, der wir heute sind. Das Wiedererleben des Schwierigen und Schmerzlichen, aus dem heraus wir unsere Lebensstilmuster konstruiert haben, führt zur Heilung. Daraus erwächst eine tiefe Einsicht in unser wahres Wesen. So können wir ein gesundes Selbstvertrauen aufbauen, das uns hilft, unser Leben autonom und eigenverantwortlich zu gestalten.

An diesem Punkt treffen sich auch auf der individuellen Ebene Prozeßmodell und Typologie Enneagramm. Genauso wie für Organisationen und Systeme kann das Prozeßmodell für den persönlichen Wachstumsprozeß verwendet werden.

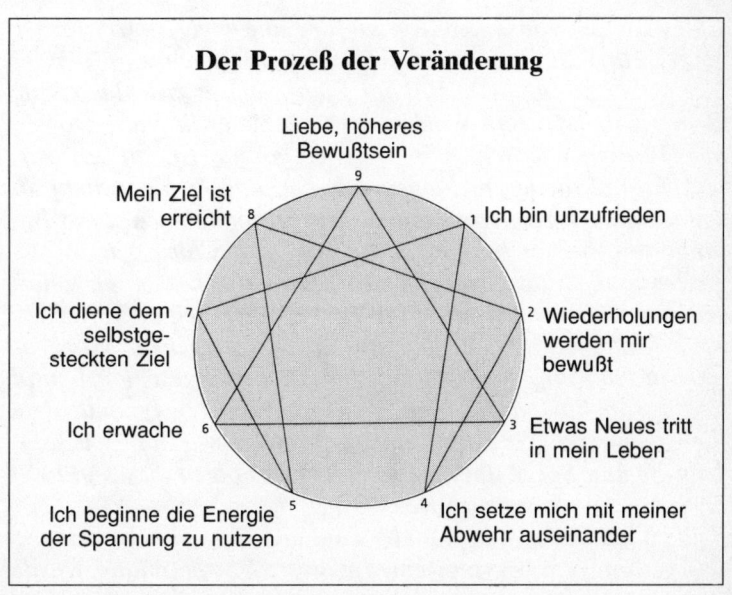

7.9 Eine Sufi-Geschichte

Zum Abschluß eine Weisheitsgeschichte[18] aus der Sufi-Tradition, die auf bildhafte Weise aufzeigt, worum es letztlich
bei der Arbeit mit dem Enneagramm geht.

*Vor langer, langer Zeit regierte ein Kaiser namens Agram
über ein großes Reich. Es war ihm gelungen, weite Landstri-
che und Meere zu erobern. Mit Hilfe seiner Regierung und
seiner Armee schuf er ein ausgeklügeltes System zur Kontrolle
und Organisation seines Reiches und zur Beherrschung seiner
Untertanen. Agram war ein mutiger und gastfreundlicher Pa-
triarch. Er leitete die Staatsgeschäfte mit Autorität, Stärke und
manchmal mit Gewalt. Kritische Standpunkte ließ er bei seinen Untertanen nicht zu; wer nicht loyal war, setzte sein
Leben aufs Spiel. Agrams Königreich lebte wirtschaftlich und
politisch im Überfluß und wurde von allen Nachbarn darum
beneidet.*
*Eines Tages veranstaltete Agram für seine engeren Mitarbeiter
eine Treibjagd. Er war ein erfahrener Jäger, aber an diesem
Tag fiel er so unglücklich vom Pferd, daß er sich das rechte
Bein brach. Mehrere Wochen lang mußte er liegen, bevor er,
mit Hilfe einer Krücke, wieder gehen konnte. Er war sehr enttäuscht und niedergeschlagen darüber, daß er nicht mehr so
sein konnte wie zuvor. Dem Kaiser in ihm schien diese Be-
hinderung unannehmbar, und er rief alle Chirurgen, Ärzte,
Heiler und Knochenspezialisten seines Reiches zu sich, um
Hilfe zu finden. Sie taten ihr Bestes, aber keiner konnte es
dem König ermöglichen, ohne Krücke zu gehen. Wochen-
und monatelang war Agram zutiefst niedergeschlagen und
verlor zunehmend die Freude am Leben. Er vernachlässigte
die Staatsgeschäfte völlig, und in seiner Regierung wuchsen
Unruhe und Sorge über die schädlichen Folgen dieses plötzli-
chen Machtvakuums im Reiche.*
*Schließlich berief der Kanzler eine außerordentliche Sitzung
der gesamten Regierung ein. In dieser Versammlung wurde*

beschlossen, daß für alle Regierungsmitglieder und ihre Mitarbeiter zum Zeichen der Solidarität mit dem Kaiser von nun an das Gehen mit Krücken verbindlich sei. All jene, die diese Entscheidung übertrieben oder gar lächerlich fanden, wurden mit sofortiger Wirkung aus dem Kreis der engen Mitarbeiter ausgeschlossen.

Nach und nach wurde das Gehen mit Krücken zur Gewohnheit und fand auch in den Familien der Regierungsmitglieder, bei ihren Freunden und den Beamten in allen Gebieten des Reiches Verwendung. Einige Jahre später wurde das Krückengehen durch ein kaiserliches Dekret verpflichtend für alle Bewohner.

Ein neugeschaffenes Ministerium übernahm die Oberaufsicht für Produktion und Auslieferung der Krücken. Überall im Reiche wurden Fabriken, Läden, Informationsstellen und Ausbildungszentren für die Kunst des Krückengehens eröffnet. Die denkwürdige Einführung dieses magischen Gegenstandes in die Gebräuche des Reiches wurde alljährlich an einem Nationalfeiertag gebührend gewürdigt, der auf den Jahrestag von Agrams Sturz vom Pferd festgelegt worden war.

Hin und wieder kam es vor, daß sich jemand weigerte, an der Krücke zu gehen. Solche Menschen wurden von den Sonderpolizeieinheiten des »Ministeriums für angemessenes Gehen« beseitigt, inhaftiert oder des Reiches verwiesen. In der Organisation wurde nichts dem Zufall überlassen; eigene Abteilungen an den Universitäten und Schulen gewährleisteten die Aus- und Weiterbildung der jungen Generation im Krückengehen. Nach Agrams Tod setzten seine Nachfolger die Tradition des Krückengehens fort. Fabriken und Kunsthandwerker stellten Krücken verschiedenster Arten und Formen her – aus Gold, Silber, Messing, Holz, Plastik und sogar aus Stein. Allerdings wurden die steinernen Krücken aufgrund ihres Gewichts nur zur Dekoration und als Ausstellungsobjekte in Museen verwendet.

Das Krückengehen war so natürlich geworden, daß niemand im Reiche des verstorbenen Agram sich ein Leben ohne

Krücken vorstellen konnte – bis eines Tages in einer sehr armen Familie ein außergewöhnliches Kind geboren wurde. Schon früh war dieser Junge sensibel und zeigte einen sehr freien Geist. Als er heranwuchs, weigerte er sich, die Kunst des Krückengehens zu erlernen. Es störte ihn nicht, daß er dadurch anders war als die übrigen Kinder. Seine armen Eltern machten sich natürlich große Sorgen wegen seiner Zukunft und versuchten mit allen Mitteln, ihn in der traditionellen Gehweise zu schulen. Aber der Kleine war dickköpfig.

Natürlich mußte vermieden werden, daß die Behörden Kenntnis von der Weigerung des Kindes erhielten, das Krückengehen, eine der bedeutendsten Gewohnheiten dieser Gesellschaft, zu erlernen. Die Eltern zogen deshalb einen weisen Mann zu Rate. Dieser erkannte in dem Kind sofort den lange erwarteten Befreier, der das Volk von Obskurantismus und Ignoranz retten sollte, die Agram und seine Nachfolger verbreitet hatten. Er riet den Eltern, in eine weit entfernte Gegend ins Exil zu gehen. Nur so könnten sie das Leben ihres Kindes retten und sich um seine Erziehung kümmern.

Schweren Herzens folgten sie diesem Rat. Sie machten sich auf den Weg nach Süden, bis sie zur Wüste kamen, wo sie sich in einer fast unbewohnten Oase niederließen. Ihr Sohn Nemen wuchs heran und lernte, ohne Krücken zu gehen. Auch seine Eltern, die Nachbarn und alle, die auf ihren Reisen in die Oase kamen, lernten von ihm, ohne Krücken zu gehen.

Nemen empfing häufig Inspirationen, Visionen und Träume, die ihm dabei halfen, das natürliche Gehen weiterzuentwickeln und zu perfektionieren. Sein tiefer Kontakt zur Natur, zur Oase, zu den Tieren gab ihm Zuversicht und Mut, seine Studien fortzusetzen.

Als er erwachsen war, beherrschte er die Kunst, natürlich und ohne Krücken zu gehen. Eine kleine Gruppe von Forschern hatte sich um ihn versammelt. Sie alle wollten lernen, sich von der Last ihrer Krücken zu befreien. Bald kam der Geheimpolizei des »Ministeriums für angemessenes Gehen« die Kunde von diesem Unruhestifter zu Ohren. Nemen und seine Schüler zogen sich in den Untergrund zurück. Sie verteilten sich im ganzen Reich und begannen, geheime Schulen zu gründen, in denen sie die Menschen lehrten, auf zwei Beinen zu gehen.

Selbstverständlich wurden sie von der Polizei gesucht. Stellen Sie sich vor, Millionen von Reichbewohnern würden plötzlich ohne Krücken gehen. Hunderte von Fabriken müßten schließen, Tausende von Arbeitern würden ihre Stelle verlieren! Zahlreiche Unternehmen im ganzen Reich müßten Konkurs anmelden. Ganze Wirtschaftszweige würden zusammenbrechen. Die Forschungsabteilungen der wichtigsten Universitäten des Reiches würden ihre Subventionen verlieren. Erziehung, Religion und Sozialsystem wären in Frage gestellt.

Die Vernunft veranlaßte die Regierung, die Traditionen der Vorfahren aufrechtzuerhalten. Eine Veränderung würde nur Unruhe erzeugen und für die gesamte Gesellschaft schwerwiegende Fragen aufwerfen. Darüber hinaus war der Glaube an die Krücken beim größten Teil der Bevölkerung so stark verankert, daß die meisten Menschen sich ohnehin nichts anderes vorstellen konnten.

Doch Nemen und seine Schüler fuhren heimlich fort, ihre Methoden zu unterrichten und zu hoffen, daß ihre Mitbürger eines Tages von der Last der Krücken befreit sein würden.

8 Zusammenfassung und Ausblick

In Zeiten rasanter und fundamentaler Veränderungen erfolgt häufig eine Rückbesinnung auf grundlegende Prinzipien und Werte. Menschen suchen nach Sicherheiten, um in der Verunsicherung zu bestehen. Was heute gefragt ist, ist die Wandelkompetenz. Doch dafür sind wir nicht ausgerüstet. Führungsarbeit basierte bisher auf kontrollierbaren Bedingungen, verläßlicher Kontinuität und ausreichender Berechenbarkeit. Heute ist sie von Diskontinuität bestimmt. Damit Menschen diese auch bewältigen können – und zwar so, daß sie dabei gesund bleiben und einen Sinn in ihrem Tun sehen –, brauchen sie Orientierung, Modelle und neue Denkmuster. Dies ist die Voraussetzung, um Bisheriges, das früher einmal nützlich war, loslassen zu können.

Das Enneagramm bietet eine solche Orientierung. Aufgrund seiner ganzheitlichen, dynamischen und verknüpften Betrachtungsweise des Lebens – das durch eben diese Merkmale gekennzeichnet ist – bildet es einen wertvollen Baustein, mit dessen Hilfe Menschen und Organisationen den Wandel managen und flexibel und initiativ in der Unsicherheit handeln können.

In der Zukunft wird es darum gehen, dieses Modell – sowohl als Prozeßmodell als auch in seiner Anwendung als Typologie – mit den Erkenntnissen der modernen Wissenschaft, anderen Modellen und erfolgreichen Methoden der Prozeßarbeit zu verknüpfen. So hat Edgar H. Schein eine *Typologie der Karriereanker* entwickelt. Er kommt dabei auf acht Grundmuster. Sie ähneln über weite Strecken den Typenbeschreibungen des Enneagramms. Die Typologie von Schein basiert auf Langzeituntersuchungen, welche die persönliche Karrieremotivation aufgrund des in der Kindheit und Jugend entwickelten Selbstkonzeptes verständlich machen. Sie stellt somit eine das Enneagramm ergänzende Klärungshilfe dar. Ebenso interessante Bezüge lassen sich zum Persönlichkeitskonzept des Psychoanalytikers F. Riemann herstellen. Richard Riso kommt das Verdienst zu, daß er bereits verschiedene Typologien in bezug auf das Enneagramm untersucht und verglichen hat. Ich meine, daß diese Arbeit weitergeführt und noch verfeinert werden sollte.

In den vergangenen Jahren haben sich für die Arbeit in Gruppen und Teams und für die verschiedensten Arten von Arbeitsprozessen Konzepte und Methoden entwickelt, wie zum Beispiel die Themenzentrierte Interaktion, die Metaplanmethode oder das Regelkreis-Instrument von Coverdale als systematische Vorgehensweise bei der Erledigung von Aufträgen und Aufgaben. Solche Ansätze können – soweit sie auf einer holistischen Philosophie basieren – mit den Prozeßschritten des Enneagramms verknüpft werden. Im Rahmen von Gesamtprozessen, wie sie das Enneagramm abbildet, stellen sie wertvolle Instrumente und Methoden für die Gestaltung von Teilprozessen dar.

Eine geglückte Verbindung von Prozeß-, Methoden- und Kommunikationskompetenz führt zur Change-Kompetenz. Sie wird in den nächsten Jahren für den unternehmerischen und persönlichen Erfolg ausschlaggebend sein.

STELLEN SIE SICH VOR ...

»Neun austrainierte Ruderer sind erfolgreich und kompetent, was die Regatta betrifft. Acht rudern, einer steuert. Plötzlich kommen sie in gefährliche Schwierigkeiten, denn der See wurde über Nacht zum Sumpf. Sie strengen sich mehr an, rudern noch härter. Am nächsten Tag ist der Sumpf zur Wüste geworden. Sie rudern noch härter. Drei verdursten. Am nächsten Tag fünf. Ein anderes Team baut aus seinem Boot am zweiten Tag Stege zum Ufer, am dritten tauscht es die Ruder gegen Kamele, am vierten startet es ein neues Business. Der Rest des ersten Teams kauft sich mit

dem letzten Geld ein Training bei ihnen: »Überleben im Wandel«. Zu welchem Team gehören Sie? Zu welchem Team möchten Sie gehören? Das ist nicht unbedingt eine Frage auf Leben und Tod; aber eine Frage auf erfolgreiches, geglücktes Leben und Geschäft. Und Lust an Leben und Leistung.«
(C. P. Seipt, *Die Wandel Kompetenz*. In: *Alpha – Der Kadermarkt der Schweiz*, 21./22. März 1998, S. 1)

Anhang

Glossar

Abwehrmechanismus
Jeder Prozeß, durch den man sich vor dem Erkennen störender Muster, Instinkte oder Gefühle schützt. Zu den Abwehrmechanismen gehören Projektion, Verdrängung, Sublimation, Reaktionsbildung, Verschiebung, Rationalisierung, Leugnung, Segmentierung, Introjektion und zwanghaftes Denken.

Anima
Begriff aus der Analytischen Psychologie von C. G. Jung. Bezeichnung für einen in jedem Mann vorhandenen Archetyp, die weibliche Seite. Jung benutzte den Begriff auch für das innere Selbst eines Menschen, das mit dem Unbewußten kommunizieren kann. Animus meint den männlichen Archetyp, die männliche Seite der Frau.

Archetypus
Begriff aus der Jungschen Tiefenpsychologie. Ein inneres Muster, das im kollektiven Unterbewußten vorhanden ist und das jeder hat.

Aufmerksamkeitspraktiken
Methoden zur Stärkung des innerern Beobachters.

Bauchenergie
Sie umfaßt diejenigen vitalen, instinktiven Impulse, die unser »Revier« behaupten helfen, wie Zorn. Auch die Sexualität gehört in diesen Bereich.

Biospiritualität
Anwendung der Focusingmethode in der spirituellen Suche; auch andere körperbezogene Verfahren.

Chaldäer
Die Chaldäer übernahmen im 7. Jahrhundert vor Christus die Herrschaft in Babylon und besaßen ein für die damalige Zeit ausgeprägtes mathematisches System.

Charakter
Komplexes inneres System von Grundannahmen über die eigene Person (Selbstkonzept), die anderen (Fremdbild), die Welt und das Leben (Weltbild), resultierend aus Anlage, Umwelt, bestimmten Grunderfahrungen und der individuellen Stellungnahme dazu. In der Regel unbewußt. Der Charakter ist er-

kennbar daran, wie ein Mensch seine äußeren und inneren Erfahrungen organisiert, welche persönliche Bedeutung seine Erfahrungen für ihn haben und mit welchen Denk-, Fühl- und Verhaltensgewohnheiten er reagiert.

Charaktermuster
Der Beziehungsstil, d. h. die Art und Weise, mit der Umgebung (den Menschen und den Dingen) in Beziehung zu treten und in Beziehung zu sein.

Dis-Identifikation
Wahrnehmung meiner selbst aus einer offenen, wohlwollenden und absichtslosen Haltung zu mir selbst; die Beobachtung meines Erlebnisflusses aus der Haltung des inneren Beobachters.

Enneagramm
Ein Diagramm, eine »Neuner-Figur«. Ein altes Symbol und Modell für Bewußtseinsprozesse. Es versteht sich als universelles kosmisches Symbol, das alle Lebensvorgänge zu erklären vermag.

Enneagrammlinien
Sie zeigen die Entwicklungsmöglichkeiten der Persönlichkeit in Richtung Wachstum (Integration), rsp. in Richtung Störung (Desintegration). Sie sind Metaphern für die möglichen psychologischen Prozesse im Menschen.

Focusing
Methode der Selbsthilfe und Psychotherapie; basiert auf einem umfassenden Begriff von Körperlichkeit. Begründer: Eugene Gendlin

Herzenergien
Das sind diejenigen emotionalen Qualitäten, die Beziehungen zu andern Menschen stiften und durch die wir uns mit anderen verbunden fühlen, also »Liebe« im weitesten Sinn.

Introjektion
Die Übernahme der moralischen Maßstäbe, Ziele und Überzeugungen eines anderen Menschen (primär von den Eltern).

Kopfenergie
Dies bezeichnet die Wahrnehmungs- und Denkfunktionen, die wir benötigen, um uns zu orientieren und um sicher zu sein.

Leidenschaften
Haupteigenschaften des Gefühlslebens. In der christlichen Tradition haben sie ihre Entsprechung in den sieben Todsünden, zu denen noch Täuschung und Angst (Drei und Sechs) hinzukommen.

Persona
lat. = Maske; Begriff aus der Psychologie C. G. Jungs; bezeichnet die individuellen Reaktionen auf die soziale Umwelt; die Bezeichnung wird allgemein auch für den Rollenaspekt in der Persönlichkeit verwendet.

Projektion

Nach der Psychoanalyse ein Abwehrmechanismus. Aspekte der eigenen Person, die abgelehnt werden, werden gewissermaßen nach »außen« verlegt und dort bekämpft.

In einem weitergefaßten Sinn läßt sich stärker der Aspekt der Wahrnehmungsverzerrung betonen (»gefärbte Brille«).

Sufi

Die Sufis sind meist unbarmherzig verfolgte Mystiker des Islams, die im Nahen und Mittleren Osten etwa ab dem 9. Jh. wirkten.

Triaden

Triaden nennt man die Zusammenfassung von jeweils drei Typen. Die Gruppe, die ACHT, NEUN, EINS umfaßt, gehört zu den Bauchtypen. ZWEI, DREI und VIER sind die Herztypen. FÜNF, SECHS und SIEBEN gehören zu den Kopftypen.

Anmerkungen

[1] Das naturwissenschaftliche Denken wurde u. a. geprägt durch Roger Bacon, Johannes Kepler, Galileo Galilei, Isaac Newton und Pierre Laplace.

[2] Genesis 1,28 lautet: »Seid fruchtbar und mehret euch und erfüllet die Erde und macht sie euch untertan! Herrschet über die Fische des Meeres und über die Vögel des Himmels und über alles Getier, das sich auf Erden regt.«

[3] »Der naive Suprematismus ist eine Theorie, die behauptet, daß der Mensch die Krone der Schöpfung sei und deshalb der Rest der unbelebten und belebten Schöpfung dazu da sei, ihm zu dienen.« (Guntern 1993)

[4] Orphiker waren die Anhänger eines griechischen Mysterienkultes, der vermutlich im 7. Jahrhundert v. Chr. entstand. (Guntern 1993)

[5] Ein Paradigma ist ein spezieller Komplex von Modellen, Werten, symbolischen Verallgemeinerungen und Musterbeispielen. Es beschreibt die zu lösenden Probleme. Die Lösungswege werden im Rahmen des herrschenden Paradigmas gesucht.

[6] »Die Tatsache, daß man die Doppelnatur des Elektrons als Teilchen und als Welle nicht gleichzeitig beobachten kann, führt an die prinzipiellen Grenzen der Beobachtbarkeit und zur Erkenntnis, daß der Beobachter ein Teil der Welt ist, die er beobachtet, ja, daß die Beobachtung das beobachtete Phänomen erst schafft.« (Ulrich/Probst 1991)

[7] »Das photographische Hologramm ist ein Verfahren, wonach Objekte, Bilder nicht direkt gespeichert werden, sondern wo der photographische

Film über ein Lichtbrechungsmuster-Verfahren gespeichert wird: Wird ein Teil aus einem solchen Hologrammspeicher gelöst, enthält er die ganze Information, aber in reduzierter Dichte.« (Berner 1989)

[8] Als Motto könnte der aus der ehemaligen DDR stammende Spruch gelten: »Wir haben eine wunderbare Lösung. Suchen wir uns noch ein passendes Problem dazu.«

[9] Vgl. *Der Landbote*, Nr. 32, 8. Februar 1996, 26. Vgl. Röglin, Referat »Führung und Kommunikation«, Februar 1996, Winterthur.

[10] Knaur 1982

[11] Knaur 1982

[12] Hark 1988

[13] Unter einem Yantra versteht man ein geometrisches Mandala.

[14] Ich folge bei der Erläuterung der Symbolik des Enneagramms im wesentlichen der Darstellung von Vollmar, 1994, 45 ff.

[15] Vgl. *Computerwoche,* Nr. 39 vom 22.9.1989.

[16] Die sechs alchimistischen Operationen sind: *coagulatio* (Verschmelzung), *dissolutio* (Auflösung), *sublimatio* (Veredelung), *putrefactio* (Gärung), *separatio* (Trennung), *transmutatio* (Umwandlung). Diese Prozesse entstehen durch die Reaktionen von Salz, Schwefel und Quecksilber.

[17] Die genaue Herkunft dieser Weisheitsgeschichte ist mir leider nicht bekannt.

[18] Überliefert von Jabrane Mohamed Sebnat, in: Jaxon-Bear 1992, 251 ff.

Literaturverzeichnis

Management und Führung

Bauer, W.: *Mut zum Vertrauen. Vom Gegeneinander zum Miteinander.* Frankfurt a. Main – New York 1996.

Bennis, W.: *Führen lernen.* Frankfurt a. Main 1990

Berne, E.: *Struktur und Dynamik von Organisationen und Gruppen.* München 1979

DeMarco, T./Lister, T.: *Wien wartet auf Dich! Der Faktor Mensch im DV-Management.* München – Wien 1991.

Doppler, K./Lauterburg, Ch.: *Change Management. Den Unternehmenswandel gestalten.* Frankfurt a. Main – New York 1994

Dörner, Dietrich: *Die Logik des Mißlingens. Strategisches Denken in komplexen Situationen.* Reinbek b. Hamburg 1994.

Drucker, P.: *Die postkapitalistische Gesellschaft.* Düsseldorf 1993.

Freimuth, J./Schnelle, B.: *Metaplan-Methode als Führungsinstrument.* In: Kieser, A./u. a. (Hrsg.), *Handwörterbuch der Führung.* Stuttgart 1987.

Freimuth, J./Straub, F.: *Demokratisierung von Organisationen. Philosophie, Ursprünge und Perspektiven der Metaplan-Idee.* Wiesbaden 1996

Glasl, F./Lievegoed, B.: *Dynamische Unternehmensentwicklung. Wie Pionierbetriebe und Bürokratien zu schlanken Unternehmen werden.* Bern, Stuttgart, Wien 1993

Gordon, Thomas: *Managerkonferenz. Effektives Führungstraining.* München 1992 (8. Auflage)

Guntern, Gottlieb: *Im Zeichen des Schmetterlings. Leadership in der Metamorphose. Vom Powerplay zum sanften Spiel der Kräfte.* Bern/München/ Wien 1993

Hammer, Michael/Champy, James: *Business Reengineering. Die Radikalkur für das Unternehmen.* Frankfurt a. Main – New York 1994

Hinz, W.: *SELIK. Die menschliche Komponente in der Unternehmensführung.* München 1994.

Joschke, B./Stemmann, P.: *Zen und Management. Der meisterliche Weg.* Landsberg a. Lech 1995

Kets de Vries, M. F.: *Chef-Typen. Zwischen Charisma, Chaos, Erfolg und Versagen.* Wiesbaden 1990

Kiechl, R.: »Management of Change«. In: Thomen, J.-P. (Hrsg.): *Management-Kompetenz. Die Gestaltungsansätze des NDU/Executive MBA der Hochschule St. Gallen.* Zürich 1995.

Klebert, K./Schrader, E./Straub, W. G.: *Kurz-Moderation. Anwendung der Moderations-Methode in Betrieb, Schule und Hochschule, Kirche und Politik, Sozialbereich und Familie bei Besprechungen und Präsentationen. Mit 20 Beispielabläufen.* Hamburg 1987

Lenz, G./Mertens, W./Lang, H.-J. (Hrsg.): *Die Seele im Unternehmen. Psychoanalytische Aspekte von Führung und Organisation im Unternehmen.* Berlin – Heidelberg – New York u. a. 1991.

Mary, M.: *Change Management als Chance. Wandel ist die einzige Konstante.* Zürich 1996.

Metzger, R./Gründler, H. C.: *Zurück auf Spitzenniveau. Ein integratives Modell zur Unternehmensführung.* Frankfurt a. Main – New York 1994

Meyersen, K.: *Die moderierte Gruppe. Hierarchiefreie Kommunikation im Unternehmen – Erfahrungen aus der Praxis.* Frankfurt a. Main – New York 1992

Rambousek, W.: »Die Unternehmung als lernende Organisation«. In: *Der Monat*, Schweizerischer Bankverein, Nr. 5 1994, S. 4–8.

Seifert, J. W.: *Visualisieren – Präsentieren – Moderieren.* Bremen 1993

Servatius, H.-G.: *Reengineering-Programme umsetzen. Von erstarrten Strukturen zu fließenden Prozessen.* Stuttgart 1994.

Sperling, J. B./Wasseveld, J.: *Führungsaufgabe Moderation. Besprechungen, Teams, Projekte kompetent managen.* Planegg 1997

Stümpel, B./Scholz, J.: *Werte und Wertewandel. Handwörterbuch des Personalwesens.* Stuttgart 1992.

Thomann, Ch./Schulz von Thun, F.: *Klärungshilfe. Handbuch für Therapeuten, Gesprächshelfer und Moderatoren in schwierigen Situationen. Theorien, Methoden, Beispiele.* Reinbek b. Hamburg 1988

Vaughan, F., *Heilung aus dem Innern. Leitfaden für eine spirituelle Psychotherapie.* Reinbek b. Hamburg, 1993.

Waterman, R.: *Die neue Suche nach Spitzenleistungen. Erfolgsunternehmen im 21. Jahrhundert.* Düsseldorf – Wien – New York – Moskau 1994

Wohlgemuth, A. C. (Hrsg.): *Moderation in Organisationen. Problemlösungsmethode für Führungskräfte.* Bern – Stuttgart – Wien 1993

Wunderer, R./Kuhn, T.: *Unternehmerisches Personalmanagement. Konzepte, Prognosen und Strategien für das Jahr 2000.* Frankfurt a. Main – New York 1993

Philosophische und psychologische Grundlagen

Antoch, R. F.: *Von der Kommunikation zur Kooperation. Studien zur individualpsychologischen Theorie und Praxis.* München – Basel 1981

Berner-Hürbin, A.: *Eros – die subtile Energie. Studie zur anthropologischen Psychologie des zwischenmenschlichen Potentials.* Basel 1989

Bohm, D.: *Die implizite Ordnung. Grundlagen eines dynamischen Holismus.* München 1985

Capra, F.: *Wendezeit.* Bern 1982

Carse, James P: *Endliche und unendliche Spiele.* Stuttgart 1987

DeMello, A.: *Wo das Glück zu finden ist. Jahreslesebuch.* Freiburg, Basel, Wien 1994.

ders.: *Warum der Vogel singt. Geschichten für das richtige Leben.* Freiburg – Basel – Wien 1985.

Dürckheim, K.: *Vom doppelten Ursprung des Menschen.* Freiburg 1974

ders.: *Übung des Leibes auf dem inneren Weg.* München 1981

ders.: *Mein Weg zur Mitte – Gespräche mit Alphonse Goettmann.* Freiburg – Basel – Wien 1985

Gebser, J.: *Einbruch der Zeit*, Schaffhausen 1995

Gibran, K.: *Der Prophet.* Freiburg i. Breisgau 1983

Grün, A.: *Der Himmel beginnt in dir. Das Wissen der Wüstenväter für heute.* Freiburg – Basel – Wien 1997

Hark, H. (Hrsg.): *Lexikon Jungscher Grundbegriffe. Mit Originaltexten von C. G. Jung.* Olten – Freiburg i. Breisgau 1988

Hermann, U.: *Knaurs Herkunftswörterbuch. Etymologie und Geschichte von 10000 interessanten Wörtern.* München 1982

Joschke, B./Stemmann, P.: *Zen und Management. Der meisterliche Weg.* München – Landsberg am Lech 1995

Kast, V.: *Die Dynamik der Symbole. Grundlagen der Jungschen Psychotherapie.* Solothurn – Düsseldorf 1994

Keleman, S.: *Leibhaftiges Leben. Wie wir uns über den Körper wahrnehmen und gestalten können.* München 1982

Khanna, M.: *Das große Yantra-Buch. Das Tantra – Symbol der kosmischen Einheit.* Freiburg 1980

Knaurs Herkunftswörterbuch. *Etymologie und Geschichte von 10000 interessanten Wörtern.* München 1982

Kuhn, T. S.: *Die Struktur wissenschaftlicher Revolutionen.* Frankfurt a. Main 1967

Ouspensky, P. D.: *Auf der Suche nach dem Wunderbaren.* Weilheim 1966

Richardson, J.: *Erfolgreich kommunizieren. Eine praktische Einführung in die Arbeitsweise von NLP.* München 1992

Schmidt, R.: *Die Individualpsychologie Alfred Adlers – Ein Lehrbuch.* Frankfurt a. Main 1989

Ulrich/Probst, *Anleitung zum ganzheitlichen Denken und Handeln. Ein Brevier für Führungskräfte.* Bern – Stuttgart 1991

Wilber, K.: *Halbzeit der Evolution.* Bern – München – Wien 1984

Wunderer, R./Kuhn, T.: *Unternehmerisches Personalmanagement. Konzepte, Prognosen und Strategien für das Jahr 2000.* Frankfurt a. Main – New York 1993.

Publikationen zum Enneagramm

Baron, R./Wagele, E.: *Das Enneagramm leicht gemacht.* München 1994

Beesing, M./Nogosek, R. J./O'Leary, P. H.: *Das wahre Selbst entdecken. Eine Einführung in das Enneagramm.* Würzburg 1992

Blake, A. G. E.: *Das intelligente Enneagramm. Gurdjieffs Instrument der Wahrnehmung.* Südergellersen 1993

Böschenmeyer, U.: *Vom Typ zum Original. Die neun Gesichter der Seele und das eigene Gesicht. Ein Praxisbuch zum Enneagramm.* Lahr 1994

Ebert, A./Küstenmacher, M. (Hrsg.): *Erfahrungen mit dem Enneagramm. Sich selbst und Gott begegnen.* München 1991

Frings Keyes, M.: *Transformiere deinen Schatten. Die Psychologie des Enneagramms.* Reinbek b. Hamburg 1992

ders.: *Enneagramm und Partnerschaft. Ein Arbeitsbuch für einzelne, Paare und Gruppen.* München 1993

Gallen, M.-A./Neidhardt, H.: *Das Enneagramm unserer Beziehungen. Verwicklungen, Wechselwirkungen, Entwicklungen.* Reinbek b. Hamburg 1994

Gündel, J.: *Das Enneagramm. Neun Typen der Persönlichkeit. Erfolgreiche Lebensbewältigung nach dem altüberlieferten System der Selbsterkenntnis.* München 1997

Hauser, R.: *Neunmal klug statt einsam ratlos. Das Enneagramm als Schlüssel zum Erfolg in Partnerschaft und Beruf.* Düsseldorf – München 1995

Hurley, V./Dobson, Th. E.: *Wer bin ich? Persönlichkeitsfindung mit dem Enneagramm.* Augsburg 1993

Jaxon-Bear, E.: *Die neun Zahlen des Lebens. Das Enneagramm. Charakterfixierung und spirituelles Wachstum.* München 1992

Kirschke, W.: *Enneagramms Tierleben. 2 x 9 Fabeln.* München 1993

Küstenmacher, M. (Hrsg.): *Das Enneagramm der Weisheit. Spirituelle Schätze aus drei Jahrhunderten.* München 1996

Naranjo, C.: *Erkenne dich selbst im Enneagramm. Die 9 Typen der Persönlichkeit.* München 1994

Palmer, H.: *Das Enneagramm. Sich selbst und andere verstehen lernen.* München 1991

ders.: *Das Enneagramm in Liebe und Arbeit.* München 1995

Riso, R.: *Die neun Typen der Persönlichkeit und das Enneagramm.* München 1989

ders.: *Das Enneagramm-Handbuch.* München 1993

Rohr, R./Ebert, A.: *Das Enneagramm. Die neun Gesichter der Seele.* München 1991

Volkamer, K./Streicher, Ch./Walton, K., *Intuition, Kreativität und ganzheitliches Denken.* Frankfurt a. Main 1995

Vollmar, K.: *Das Enneagramm. Praktische Lebensbewältigung mit Gurdjieffs Typenlehre.* München 1993

ders.: *Das Arbeitsbuch zum Enneagramm.* München 1994

Wolinsky, St.: *Jenseits des Enneagramms. Der Weg des Menschen in der Quantenphysik.* Freiburg i. Breisgau 1998

Zuercher, S.: *Neun Wege zur Ganzheit. Die Spiritualität des Enneagramms.* Freiburg 1995

Informationen

Beratung, Coaching und Training zur Entwicklung von Change-Kompetenz
und die Begleitung von Veränderungsvorhaben und Projekten erhalten Sie
bei:

Christoph Mächler, Beratung für Unternehmenskultur, Kommunikation
und Prozeßgestaltung, Wartstrasse 6, CH-8400 Winterthur.
Tel.: 0041/52/212 95 85
Fax: 0041/52/212 95 86
Email: chmaechler@swissonline.ch

Ich arbeite in einem Netzwerk mit erfahrenen Organisationsberatern, Pro-
jektmanagern und Trainern zusammen.

Interessenten für Workshops und Trainings zum Enneagramm fordern die
aktuellen Unterlagen an bei:

PFW Psychologisches Forum
Wartstrasse 6
CH-8400 Winterthur
Tel.: 0041/52/212 95 85
Fax: 0041/52/212 95 86
Email: chmaechler@swissonline.ch